APARICIONES de la VIRGEN MARÍA

2ª Edición

Una investigación sobre las principales Mariofanías en el mundo.

—o—

ESPERANZA RIDRUEJO

Depósito Legal: Z-3979-94
ISBN: 84-85036-39-5
Edita: Editorial Círculo. Coso, 92, 2º dcha. 50001 Zaragoza. Teléfono 227827
Imprime: Gorfi, s.a. Pedro Cerbuna, 7. 50009 Zaragoza.

“A mi marido”

PRÓLOGO

Dios prometió asistir a su Iglesia hasta la consumación de los siglos, y para cumplir su promesa, habló siempre a la humanidad a través de espíritus angélicos o de instrumentos humanos.

Ante los que nos aconsejan *"¡Apariciones no, Evangelios sí!"* tenemos que decirles, que si suprimiéramos las ciento ochenta y tantas apariciones, sólo angélicas, del Antiguo Testamento, y las aproximadamente noventa del Nuevo; si prescindimos de la aparición de San Gabriel para anunciarle a la Virgen que iba a ser Madre, y la revelación a San José para tranquilizarle en sus recelos, y la orden tajante de huir a Egipto, ante la persecución de Herodes y todas las demás manifestaciones semejantes, de los Evangelios, seguramente, no quedaría nada... Porque la verdad es, como afirmaba el profeta Amós, que *"no hace nada el Señor sin advertirlo previamente a sus siervos los profetas"* y los profetas de aquella época son los videntes de ahora, cuando ejercitan, sin interferencias, el don de profecía.

Estas manifestaciones directas del Cielo se han producido, frecuentemente, a lo largo de los tiempos, realidad que nos permite decir: Todos los acontecimientos importantes para la historia de la humanidad han sido anunciados con antelación, como ahora se están profetizando los graves sucesos que tenemos en puertas.

Cierto es también, que existe una revelación pública a la que tenemos obligación de creer, y otra privada a la que no es de aplicar tal precepto[(1)], mas esto no quiere decir que no sea una auténtica verdad, el que a través de revelaciones, profecías y apariciones, el Cielo ha cuidado y advertido oportunamente, de todos los sucesos importantes, cumpliendo su promesa de proteger, aconsejar y prevenir de cuanto afecta y reviste interés para la vida del hombre sobre la tierra.

Así ha sido siempre y así seguirá siendo en lo sucesivo, de cuya afirmación indiscutible se deducen dos consecuencias lógicas: El Señor necesita contar con instrumentos humanos, a los que calificamos de **videntes**, y además con **apóstoles marianos,** para estudiar los mensajes que actualmente la Virgen nos transmite, a fin de analizarlos en profundidad, separar lo malo de lo bueno, ejercitando ese difícil problema, como decía San Ignacio, del discernimiento de espíritus, y cumplir así la orden de San Pedro, cuando nos dijo: *"En cuanto a los carismas, estudiadlos todos para quedaros con lo bueno"*, pues por la misma vía entra lo bueno y lo malo en el alma de los hombres. Las palabras de San

---

[(1)] El suprimir, como algunos pretenden, las revelaciones privadas rechazan de paso la devoción al Rosario, manifestación de la Virgen a Santo Domingo de Guzmán, así como la devoción al Sagrado Corazón que es otra de las revelaciones privadas a Santa Margarita María de Alacoque.

Pedro las repite también San Pablo. ¿Cómo no iba a creer, este gran apóstol, en las apariciones si por culpa de una aparición, del susto, se cayó del caballo?

Esta doctrina ha sido ratificada, en parecidos términos, por el Concilio Vaticano II, cuando dice: *"Los carismas deben ser recibidos con gratitud, pues son muy útiles"*.

Resumiendo: Que Dios ha encargado a María el cumplimiento de una misión de trascendental actualidad como Ancla de Salvación para los hombres; que por eso estamos, conforme anunció San Luis María Grignion de Montfort, en la **Hora de María**, que viene a coincidir con la **Hora del Seglar**, pues por no estar sujetos los seglares a la dependencia directa de un superior, disponen de mayor libertad para actuar; y a través de Ella recibimos explicaciones, órdenes, advertencias, que tenemos la obligación de transmitir a los demás; excelsa misión que necesita poder contar con videntes y con apóstoles.

Pero entre ellos existe una notable diferencia. Los instrumentos elegidos como videntes son por lo general deficientes, insignificantes, ignorantes, de lo más pobre, humanamente hablando: O niños pequeños, como los de Fátima y otros lugares, o personas incultas, como Amparo de El Escorial o María Mesa de Gerona, o grandes pecadores, como Bruno Cornacchiola, que se había comprometido, ante una Logia masónica, al asesinato del Papa. De esta forma, ante la insignificancia del instrumento, se pone en forma patente, claramente de manifiesto, ante los seguidores, ese marcado contraste entre la falta absoluta de conocimientos y preparación del vidente con la grandiosidad de la obra que es capaz de realizar, de las predicciones que hace y que oportunamente se cumplen, de los prodigios que protagoniza, contraste radical que facilita la fe del público que le sigue. Como prueba de que es así, recordaré que cuando la Virgen decidió crear para sus hijos predilectos -los sacerdotes- el Movimiento Sacerdotal Mariano, eligió como instrumento al padre Gobbi, y en su primera manifestación en Fátima -según él mismo confiesa en el prólogo de su primer libro-, la Virgen le dijo: *"Te elijo a ti por 'inepto', para que nadie pueda pensar nunca que lo que vamos a hacer es obra tuya".* Por eso, -podríamos citar infinidad de casos- cuanto más grande es la obra en proyecto más pequeño e insignificante suele ser el instrumento elegido.

En cambio, para el cumplimiento del otro papel complementario, el adjudicado a la importante función de los apóstoles marianos, se eligen personas adecuadas de todas las clases sociales, a fin de que puedan actuar con eficacia en las diferentes esferas de la sociedad, pues la llamada del Señor y en su nombre, de María, es para todos, se dirige a la humanidad entera, sin distinción de clases ni colores.

Ante esta realidad, el problema humanamente hablando, es la dificultad que en esa línea obligada de obediencia, sufren los que están situados en un estrato social alto, donde su esfera de acción que tienen encomendada está integrada por personas de cierta altura, y como consecuencia de más frecuentes grados de incredulidad. Recordemos las palabras del Evangelio: *"Me manifestaré a los humildes y sencillos y no a los sabios y prudentes..."* y *"es más difícil que un rico entre en el Reino de los Cielos que un camello por el ojo de una aguja"*, etc., etc.; ambiente general, de menor grado de fe y a la vez de mayor altura intelectual, donde dentro de esa esfera de elevada consideración social, el hablar de la Virgen y de sus apariciones, resulta algo que suena a ñoño, a cosa infantil, más propia de niños o de beatas que de personas cultas, de prestigio social y de aparente categoría humana. De esta realidad se desprenden las dificultades que ofrece, y el valor que entraña, el ejercicio de una labor apostólica en los ambientes elevados del gran mundo, en ese ambiente escogido donde el Cielo ha colocado a la autora de este libro.

Personalmente, sin estar ni muchísimo menos a su nivel, puedo asegurar que me ha costado mucho esfuerzo y he pasado mucha vergüenza, al tener que olvidarme de mis posibles conocimientos como catedrático de Economía y en tiempos también como promotor de empresas, para sustituir mis conferencias, centradas en un principio en temas de carácter económico y político, para hablar de la Virgen y de sus mensajes de salvación. El dar la cara ante la prensa, la radio, la televisión, es doblemente violento y doloroso, para el catalogado socialmente, en algo, que para el que está situado en un ambiente distinto o dentro de una orden o de una organización de carácter religioso. A pesar de lo cual, en este terreno, se están dando los fallos en cadena.

Por lo que personalmente me ha violentado y sufrido, desde mi modesta posición social de un profesional de clase media, sospecho lo que ha tenido que sufrir la autora de este libro, a cuyo currículum aludiré en este mismo Prólogo.

Cierto es también, que los que llegan a la conclusión de que deben, en conciencia, vencer escrúpulos y entregarse a la defensa de estos ideales apostólicos, han tenido oportunidad de vivir confirmaciones de lo que defienden y han visto y vivido, como protagonistas o como testigos, fenómenos carismáticos confirmatorios de la misión encomendada. Pero entonces te encuentras con otro problema, la obligación que confirman los mensajes de dar testimonio de las gracias recibidas. Personalmente me encontré en esta situación, que tiene de positivo el que recibes confirmaciones sobre la realidad de lo que de buena fe estás defendiendo, pero a la vez de negativo la obligación que representa el dar cuenta de las gracias recibidas; compromiso grave, que intenté cumplir cobardemente, *"tirando la piedra y escondiendo la mano"*, publicando un libro que lleva por título **"El mundo de los espíritus"**, donde me puse el antifaz para publicarlo bajo el seudónimo de Alfonso Sandoval.

'Pitita' Ridruejo no actúa así, desde que comprendió que era para ella una obligación sagrada el responder a la llamada. Hasta la fecha ha dado más de quinientas conferencias; acude a la radio, a la televisión, a todos los medios de difusión donde la llaman; tomó su pluma para colaborar con sus artículos en la revista **"Tiempo"**, en el periódico **"ABC"** y hasta en revistas religiosas como**"María Mensajera"**, etc., etc.; acude a los lugares de manifestación cuando le avisan; se deja retratar; habla de sus experiencias y estudios en los cenáculos de oración; en una palabra, que no esconde la cara, y ahora su brillante pluma la ha puesto al servicio de la Virgen, y ha firmado con su nombre y apellidos su primera obra sobre estos temas, que no ha dudado en presentar con el título de **"Las apariciones de la Virgen María"**, y con el subtítulo de **"Una investigación sobre las principales Mariofanías en el mundo"**.

He hablado de los fenómenos de corte carismático, que muchos están viviendo como protagonistas o como testigos, y de la obligación de darlos a conocer valientemente.

Sospecho que 'Pitita' los habrá vivido también y estoy seguro que cumpliendo las instrucciones recibidas en tal sentido, tendremos oportunidad de conocer, quizá pronto, un nuevo libro, donde relate sus vivencias personales de este carácter, libro que de antemano aseguro que despertará y entrañará un excepcional interés. Espero que nuestra Editorial pueda publicarlo en su momento. Será una prueba más de su valentía, de su fe, de su amor a Dios y al prójimo por Él.

Aunque prolongue esta presentación más de lo normal, quiero hacer un breve resumen de la vida de "Pitita", a manera de escueto currículum, vida que me permito desarrollar a lo largo de cinco etapas distintas.

La primera, dedicada a los estudios propios de la adolescencia, su educación en los colegios de la Asunción y de Santa Isabel, estudios completados después en Inglaterra y a continuación en la Universidad de Ginebra, en Suiza. Posteriormente prestó sus servicios como enfermera y asistenta social en los hospitales de San José y Santa Adela.

Luego comienzan sus investigaciones sobre el estudio de determinados fenómenos carismáticos, que le obligan a trasladarse a la India, estudiando bajo la dirección de los brahmanes y de los grandes maestros, la Filosofía oriental, después la Parapsicología, profundizando a la vez en el conocimiento de diversas tendencias religiosas, hasta encontrar la verdad dentro del mundo de la mística y de las raíces de la religión católica.

La segunda etapa arranca de su matrimonio con el excelentísimo señor don José Manuel Stilianopoulos, lo que le obligó a trasladar su residencia a Roma, donde se dedicó, con gran éxito, a la pintura, presentando varias exposiciones de cuadros que fueron objeto de las mejores críticas, y, como prueba de que es así, se reprodujeron varias de sus obras en publicaciones americanas e italianas.

La tercera etapa la sitúo en la época en que su esposo fue nombrado embajador de Filipinas de España, etapa marcada por el sello de la diplomacia y la vida del gran mundo y de la alta sociedad. Como embajadores de Filipinas prepararon el viaje oficial de nuestros reyes, tierra que gracias a ellos pisó, por primera vez, un Borbón en viaje oficial.

Tras cinco años de estancia como esposa de embajador, se les destina a la embajada del Reino Unido y de los países nórdicos -Dinamarca, Suecia y Noruega- participando, con tal motivo, en acontecimientos importantes de la Familia Real inglesa, como fueron, entre otros muchos, el jubileo de los 25 años de la coronación y la boda del príncipe Carlos con lady Di...

El contacto frecuente con la Reina de Inglaterra y con la princesa Margarita, dadas las dotes personales de sociabilidad, generosidad y simpatía que caracteriza al matrimonio, se incrementó hasta tal punto, que fueron invitados a pasar un fin de semana en el castillo de Windsor, invitación que no suele ser normal; y la princesa vino a España para pasar un verano en su casa de Marbella... Durante esta época de cargos y viajes, desarrolla la autora de este libro, una intensa actividad social; se introduce en el mundo de la moda y recibe una serie de premios, entre ellos fue nombrada la mujer más elegante de Europa durante tres años consecutivos, declarándose después la más elegante de España por elección del diario **"Pueblo"**, el periódico **"ABC"** y la revista

“Blanco y Negro”; entre otros galardones podemos citar el *Garbanzo de Plata*, el premio *“T”*, dedicado a los triunfadores en valores humanos, y el premio *“Oasis”*, cifrado en la personalidad. Es también *Dama de la Virgen de la Almudena*, de *Los Corporales de Daroca*, de *San Juan Bautista*, de la *Virgen de Guadalupe* y *Hermana de la Virgen de la Macarena*, en Sevilla.

A partir de 1978 comienzan sus colaboraciones con la revista **“Tiempo”** y más adelante con el periódico **“ABC”**, fundamentalmente sobre temas religiosos, destacando como conferenciante de elocuente y fácil palabra y gran amenidad, acudiendo a oírla, con gran éxito de público, en las salas de conferencias más acreditadas y en las propias iglesias donde se le invita a exponer sus ideas sobre el trascendental tema de lo religioso en el momento presente y los anuncios proféticos que se están recibiendo para este crítico momento de nuestra historia, lo que pocos se atreven a hacer, aunque su estado vocacional así lo aconseje.

Dar la cara en televisión, enfrentándose públicamente con personas que viven conforme a las ideas actuales de falta de fe, que hoy prevalece, consecuencia de esa apostasía general en la que hemos entrado, pues hasta España, como consecuencia de los lavados de cerebro, ha dejado hoy día de ser la tierra de María Santísima, como estuvo considerada desde siempre, entraña mucho más valor del que parece, sobre todo cuando las personas que le rodean en los estudios buscan, como objetivo fundamental, el ataque, el rechazo a la fe, la defensa de que todo lo milagroso tiene explicación natural y es fruto de poderes desconocidos de la mente humana, pues la verdad es que la idea de Dios, hoy, no está precisamente de moda. Lo prueba el hecho de que cuantos han intentado y logrado dedicarse a la política, lo primero que suelen hacer es inventar alguna frase, más o menos graciosa, para que salte a la prensa y sea reflejo de su *'categoría'* precisamente por su falta de fe, como muchos casos lamentables que podríamos citar.

Que toda esta labor la hace 'Pitita' por deber y no por gusto, lo refleja el arranque de la larga dedicatoria que he escrito en mi nueva obra, centrada en explicar el ritmo y la realidad de los acontecimientos que van a suceder dentro de esta Década, apoyada en los libros sagrados, manifestaciones de místicos y santos y mensajes de la Virgen, dedicatoria que arranca diciendo: *"A todos los familiares y amigos que ,cuanto más nos quieren, más se avergüenzan de vernos creer y defender las apariciones de la Virgen y sus mensajes de salvación..."* La dedicatoria, sigue luego, pues como mía peca de larga, consecuencia de esa mala verborrea de mi pluma, difícil de cortar.

Aparte de ser el prologuista de este libro, Prólogo que también peca de largo, soy también el director de la **Editorial Círculo**, responsable por tanto de esta primera edición, y quiero hacer constar que me he permitido redactar estas líneas de presentación a espaldas y sin conocimiento de la autora del libro, pues, de lo contrario, estoy seguro que me lo hubiera censurado de arriba abajo. Pero ésta es una de las pocas ventajas de los editores de libros, que podemos funcionar a espaldas de los autores muchas veces, y presentar las obras como nos parezca, sin consulta previa. Al hacerme responsable de estas afirmaciones sobre el Prólogo, quiero aceptar también mi responsabilidad por la confección de la portada y de la contraportada, así como de las ilustraciones, que a mi entender enriquecen el trabajo.

Confieso esta postura confiando, por adelantado, en la comprensión del lector y en la generosidad y espíritu de bondad natural de esa excepcional mujer, Esperanza Ridruejo, y a la vez señora de Stilianopoulos, a la que, como muestra de cariño, el pueblo y la sociedad en general, le ha privado de sus verdaderos apellidos para bautizarla allí donde va, con el solo nombre de '*Pitita*', con el que es universalmente conocida.

Soy consciente de que defender las apariciones de la Virgen hoy día está considerado por muchos como prueba de anormalidad, incluso en una sesión televisiva recuerdo que un ilustre profesor de no sé qué disciplina, saltándose las normas más elementales de la educación y del buen trato, le dijo a 'Pitita' *"que no estaba bien de la cabeza"*; pues bien, yo quisiera dejar constancia escrita, a la recíproca, de que las personas que hemos estudiado el tema en profundidad, ante los acontecimientos que tenemos próximos, estamos convencidos, de que los que no piensan como nosotros, bien pudieran ser los ignorantes, los despistados, los que viven en las nubes, los que están en la higuera, los que proceden con una simple visión limitada y pobremente humana, muy alejados de las auténticas y trascendentales verdades. Pero como bien pudiera estar equivocado, y no deseo en ningún momento ofender a nadie, por lo que hubiera haber de exagerado o de erróneo en mi pensamiento, humildemente, a todos, pido perdón por anticipado.

Esperemos, con confianza, un poco más de tiempo, pues sospecho que pronto, ante los acontecimientos que se aproximan, tendremos oportunidad de conocer, sin dudas, de qué parte está la razón.

Y como no quisiera que este Prólogo acabara tan mal, me voy a permitir introducir, como colofón o *"brillante"* final del mismo, unas palabras del más inspirado poeta de nuestros tiempos, José María Pemán, al que tanto tuve ocasión de admirar y tantos motivos tengo de agradecimiento, pues él me propuso para la inmerecida designación como miembro del Consejo Privado del Conde de Barcelona -entonces nuestro rey en el exilio-, Consejo cuya presidencia ostentaba don José María, palabras autógrafas dedicadas a la autora de este libro, y que dicen así:

Soleá

¿Porqué te llaman Pilita,
si te llamas Esperanza,
que es palabra tan bonita?

José Mª Pemán

1947

Que esas palabras de esperanza, de optimismo y de fe en el futuro, nos protejan a todos.

Francisco Sánchez-Ventura

CAPÍTULO I

CONSIDERACIONES GENERALES

Mariofanías - Videntes y mensajes - La Iglesia Católica - Los místicos - La Virgen María.

Son ya demasiadas las Apariciones de la Virgen María para tratar de negarlas o pretender silenciarlas, tan sólo por no sentirnos capaces de poder razonar su realidad. Los prodigios divinos empiezan y acaban con la fe, y la fe no es un producto del raciocinio sino una dádiva otorgada por el Espíritu Santo.

El fenómeno aparicionista está multiplicándose cada vez más en la actualidad, aunque no constituye ningún hecho nuevo en la historia de la Iglesia y ya, desde los primeros tiempos del cristianismo, se nos hablaba de él; innumerables testigos confirman la realidad de estas manifestaciones que no pueden ser atribuidas al histerismo colectivo ni a fuerzas ocultas de nuestro subconsciente. Si existe un argumento sólido para aceptar la validez de un fenómeno, es el poder demostrar que ocurre a la vez en distintos lugares y que es contemplado por diversas personas. Éste es el caso que nos ocupa.

Las actuales Apariciones Marianas no se deben silenciar, ni por lo que significan en sí, ni por lo que representan. *"Dios avisa siempre a sus siervos los Profetas"*, dijo el profeta Amós; y María, por la voluntad de Dios, está dándonos continuos avisos en todas sus manifestaciones.

"Si esto es una iniciativa tomada por los hombres, será destruida. Si es cosa de Dios, nada ni nadie podrá contra ella" (Hechos, 5, 38-39).

* * *

Al mencionar los carismas que el Espíritu Santo otorga y distribuye, San Pablo concede una gran importancia al don de la profecía.

"No despreciéis las profecías; examinadlo todo y quedaos con lo bueno" (Te. 1, 20-21).

El desprecio sistemático hacia todo lo profético, no sólo significa poner límites al derecho que Dios tiene para manifestarse a los hombres, sino que a la vez implica la negación tácita de su poder omnipotente y de su sabiduría.

Los profetas bíblicos, verdaderos mensajeros de la Palabra Divina, actuaron siempre como instrumentos del Cielo, cuya misión era anunciar con antelación los acontecimientos más importantes de la historia de la humanidad.

De entre todos ellos, cuatro fueron conocidos como **Profetas Mayores;** Isaías, Jeremías, Ezequiel y Daniel. Los demás, -Amós, Oseas, Miqueas, Sofonías, Nahún, Habacuc, Ageo, Zacarías, Malaquías, Abdías, Joel y Jonás- pasaron a la posteridad como **Profetas Menores** o, simplemente, bajo la denominación de *"Los Doce"*. Por medio de ellos, Dios alertó a la humanidad sobre diversos sucesos de extrema gravedad que deberían de ocurrir. El diluvio universal, la destrucción de Sodoma y Gomorra, la cautividad de Babilonia, la Diáspora del pueblo judío y la Caída del Imperio Romano, fueron algunos de estos vaticinios que se cumplieron con admirable precisión.

Numerosas profecías, imposibles de haber podido ser comprendidas con anterioridad a nuestro siglo, tienen ahora una vigencia tan evidente como sobrecogedora. Antes de que existieran las armas nucleares resultaba difícil poder imaginar los enormes desastres ecológicos de los que se nos había prevenido con insistencia. La desaparición completa de la vida vegetal y animal sobre la tierra, la quiebra del equilibrio cósmico del planeta, la polución atmosférica, las aguas envenenadas y la contaminación de los alimentos, son algunos de aquellos presagios que, hoy en día, hacen peligrar la supervivencia de la raza humana.

La energía nuclear, principal fuente de estos males, ha convertido al Planeta en un depósito de residuos radiactivos; las explosiones de bombas atómicas, no solamente en la atmósfera, sino también en el subsuelo, pueden provocar maremotos y terremotos con capacidad de modificar la estructura terrestre. Así mismo, las armas bacteriológicas y químicas, los gases letales y la posible explosión accidental del arsenal nuclear almacenado, amenazan la llegada de un holocausto mundial sin precedentes, que haría inhabitable nuestro planeta.

* * *

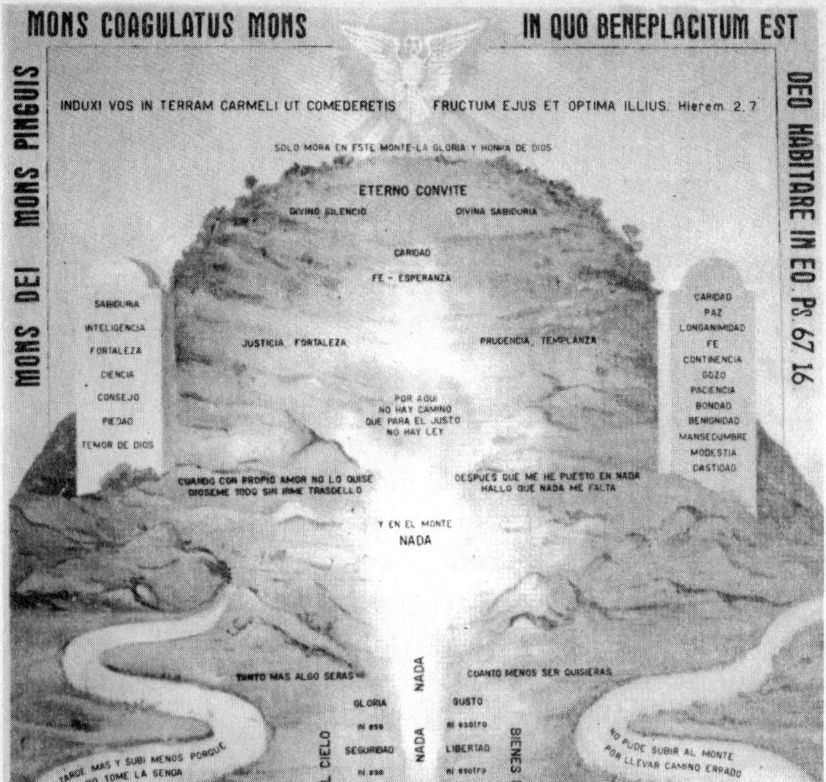

Mapa de San Juan de la Cruz sobre los diferentes estados de la mente humana, considerado como un importante documento, al ser comparado con los descubrimientos de la ciencia.

Al igual que los Profetas Bíblicos, los **videntes** actuales, son unos instrumentos del Cielo que advierten sobre los infortunios que pueden suceder en el mundo si los hombres no cambian su proceder. Todos los mensajes que nos están dando son idénticos en cuanto a esencia, contenido o lenguaje se refiere, sin que nada se encuentre en ellos que pueda oponerse a la fe; por el contrario, recomiendan los medios tradicionales para la salvación de los hombres, como son los sacramentos, la oración y el ayuno.

Los *"castigos"* mencionados en estos mensajes marianos, nunca están anunciados con la finalidad de intimidar, sino para dar ocasión de que sean conocidos por la humanidad y así prevenirlos y evitarlos. Conviene tener presente que cualquier acontecimiento futuro es siempre susceptible a cambio sin estar nunca determinado. Solamente el ser humano, creado por Dios con libre albedrío, es quien decide su futuro.

* * *

Los fenómenos carismáticos entran de lleno en las normas establecidas por la Iglesia Católica, al ser hechos relacionados, directa o indirectamente, con las manifestaciones sobrenaturales. El origen de la Iglesia Católica es sobrenatural y divino. Su esencia no viene dada por la voluntad de los hombres sino por la inspiración del Espíritu Santo; por ello es un grave error pretender convertir a la Iglesia en una institución temporal negando su trascendencia. A la Iglesia no se le puede vaciar de su carácter sobrenatural, ni tratar de buscar interpretaciones racionales para comprender todos sus misterios. El querer humanizar lo divino, sólo conduce a un alejamiento de nuestra fe; las virtudes sobrenaturales no podrán ser sustituidas por las virtudes naturales, pues esto significaría una deformación de su esencia.

Hoy en día los hombres rehusan admitir todo aquello que su razón no puede abarcar, sin pararse a considerar que donde la razón no alcanza, la Revelación Divina descubre el fundamento de todo. La Revelación no puede ser reemplazada por el raciocinio; muy por el contrario, es la razón la que debe someterse a Dios.

Aunque al hombre finito le corresponda el intelecto, que le es necesario para poder actuar en el plano físico, al hombre eterno no le basta la razón, si quiere llegar al mundo espiritual; la principal misión de la Iglesia Católica consiste en dar testimonio de este mundo espiritual, al ser ella el signo de lo invisible y de lo eterno.

"Mi Reino no es de este mundo", fueron las palabras de su Fundador.

* * *

Para los católicos existen dos clases de Revelaciones: La pública y la privada. En la **revelación pública** está contenido el depósito de nuestra fe; todo aquello que el hombre necesita para su salvación. Es la revelación oficial de la Iglesia y acabó con la muerte del apóstol San Juan. A partir de entonces, Dios continuó manifestándose a través de las **Revelaciones privadas**, las cuales, aunque no obligue bajo Dogma de Fe, deben ser aceptadas *"por ser muy útiles"* (Vaticano II). A la revelación privada pertenecen las apariciones de la Virgen María, siempre que hayan sido aprobadas por la Iglesia.

Solamente la Iglesia Católica, por medio de un proceso canónico, presidido por el obispo bajo cuya jurisdicción recae la Aparición que se examina, es quien puede dictaminar sobre el carácter sobrenatural de dicha manifestación, emitiendo un juicio después de una minuciosa investigación, el cual, aunque sea positivo, no obliga a creer en ella. Cuando las características de la Aparición parecen ser buenas, se permite a la gente acudir al lugar donde Nuestra Señora se manifiesta, aunque siempre a la espera de que el veredicto de la Iglesia sea definitivo.

En la actualidad, la Sagrada Congregación de la Doctrina de la Fe, tiene más de mil casos archivados para su estudio; cuarenta de ellos pertenecientes a España.

* * *

La relación de los hombres con Dios era directa y viva en los orígenes de la humanidad. Innumerables hechos prodigiosos fueron aceptados con naturalidad por los hombres de aquel tiempo, como se puede comprobar si repasamos el Antiguo Testamento; entre ellos cabe destacar, la historia del pueblo elegido, liberado milagrosamente de la opresión faraónica, para así cumplirse la promesa hecha por Dios a tres de sus grandes patriarcas, Abraham, Isaac y Jacob.

Durante los cuarenta años que duró el éxodo de los judíos en busca de la **Tierra Prometida**, Dios no dejó de velar por su gente. El paso de los israelitas por el Mar Rojo, *"a pie enjuto mientras las aguas formaban murallas a derecha e izquierda"*; lleva el sello inconfundible de lo milagroso; la lluvia del Maná para alimentar a su pueblo fue otra de las portentosas manifestaciones divinas.

En el desierto del Sinaí, Yahveh descendía en medio de una densa niebla a fin de hablar con Moisés *"como dos hermanos"*, al cual le hizo entrega de las Tablas de la Ley, después de haber escrito sobre la piedra, el Decálogo en que está basada nuestra religión.

Nacimiento de la Virgen, icono que se conserva en la Basílica de Santa Ana en Jerusalén

Para la construcción del Arca de la Alianza, Yahveh dio detalles muy precisos: *"Harás un arca de madera de acacia, de dos codos y medio de larga, codo y medio de ancha, codo y medio de alta. Estará toda ella cubierta de oro fino, por dentro y por fuera. Tendrá cuatro anillas de oro en los cuatro ángulos, con cuatro barras de acacia pasadas por las anillas para llevar el arca. Sobre ella irá el propiciatorio que llevará dos querubines, de oro batido, cubriéndolo con sus alas. En el arca se encerrará el testimonio que Yo daré".*

No existe ninguna razón para que los milagros narrados en el Antiguo y en el Nuevo Testamento no puedan seguir sucediendo en nuestros días si las leyes divinas, que todo lo rigen, eran entonces las mismas que ahora.

* * *

También la lectura sobre las experiencias de los místicos de todos los tiempos, nos llevan a considerar lo poco que conocemos sobre la verdadera naturaleza del ser humano; su estructura, sus enormes posibilidades y sus latentes facultades espirituales a la espera de ser desarrolladas; al ignorar todo lo que de divino posee el hombre, desconocemos también lo que de él puede brotar.

"Es una gran lástima -dice Santa Teresa- *que nosotros mismos no sepamos quiénes somos y que, al ignorarlo, ignoremos los bienes tan grandes que hay en nuestras almas".*

La ignorancia del hombre hacia su propia naturaleza es lo que más le limita y le dificulta para llegar al conocimiento verdadero de su propio ser; la verdad no hay que buscarla en las cosas externas sino en nuestro interior.

La Inmaculada Concepción.
Hermosa estampa que alude
al triunfo de su Inmaculado Corazón.

Estampa del Inmaculado Corazón de María,
recogiendo su promesa de que al final
su Inmaculado Corazón triunfará.

La Santa también nos lo advirtió: *"Es necesario cavar en nuestro interior hasta hallar en él el tesoro oculto que existe en nuestras almas"*.

En todos sus escritos los místicos recuerdan que Dios trabaja muy hondo en el espíritu del hombre. Trabaja, tan dentro del alma, que la mente consciente no puede percatarse de ello, por estar más allá de su percepción. Nuestros deseos no deben interponerse en este trabajo divino sino dejarle a Dios obrar con libertad.

"No pidáis nada -aconseja Teresa- *nuestros esfuerzos por pensar, más dañan que aprovechan. El Señor obra en las almas fenómenos extraordinarios. No queráis comprender cómo suceden estas cosas. Basta con saber que son del Todopoderoso"*.

La completa comprensión de Dios no es posible a través del proceso del discernimiento. Al ser Dios inmutable y eterno no se le podrá llegar a conocer sólo a través de la mente, que está limitada en términos de espacio y de tiempo; los conocimientos que la mente posee provienen de las sensaciones percibidas a través de nuestros sentidos físicos, que también son imperfectos en sus limitaciones.

* * *

Al igual que nuestro cuerpo físico está necesitado de alimentos para su desarrollo, nuestro espíritu necesita ser nutrido. Pero las necesidades del alma son distintas a las del cuerpo; el alma tiende hacia los espacios infinitos y es esta necesidad la que lleva al hombre a iniciar una búsqueda de conocimientos más profundos, que le hacen penetrar en nuevos campos de experiencia, abriéndose paso a dimensiones superiores a las de la materia, hasta llegar a ser consciente de la existencia de un mundo espiritual, mucho más real que el mundo físico que nos rodea.

En un lenguaje simbólico y subjetivo, los místicos nos hablan de este mundo espiritual que ellos conocen mejor que nadie a través de sus *"éxtasis"*, que, en sentido etimológico, significa *"estar fuera de uno mismo"*. En estos trances, el alma sale del cuerpo físico para ponerse en contacto con la aparición sobrenatural que se presenta ante ella, sin que la voluntad intervenga; por el contrario, la voluntad es absorbida y se entrega en plena aceptación. Durante los éxtasis, los místicos trascienden la mente, y con ella las limitaciones del tiempo y del espacio, entrando en un estado de lucidez donde el alma se funde con la divinidad y la Verdad se revela por sí sola.

La unión del alma con Dios, es la más elevada de todas las experiencias espirituales que el ser humano puede alcanzar en esta vida; Santa Teresa de Jesús, denominada *"Doctora de la Iglesia"*, debido a la gran autoridad que poseía en todo lo referente a estas materias, experimentó por vez primera la unión espiritual cuando el Señor se apareció *"en el centro de su alma, con gran resplandor, hermosura y majestad"*.

Ella explica la vivencia en su libro **"Castillo interior"**, gran tratado sobre la enseñanza mística, en el que da una lección magistral sobre la evolución del ser humano, desde que la presencia de Dios se hace patente en su alma. El proceso está dividido en siete fases llamadas *"siete moradas"*, a través de las cuales el espíritu va penetrando hasta descubrir la posibilidad de poder llegar a fundirse con el Dios que habita en él. Al llegar a la Séptima Morada, Santa Teresa explica esta unión con su habitual sencillez:

"Es como si dos velas de cera se juntasen tan en extremo que toda la luz fuese una.

Como si cayendo agua del cielo en una fuente, todo queda hecho agua que ya no se podrá dividir.

Como si un arroyico pequeño entra en la mar.

Como si en una habitación entrase luz por dos ventanas. Entra dividida, pero en la habitación es toda una".

La unión con Cristo, es también el nervio vital de la teología paulina. Para Pablo es una unión directa y viva que destruye toda inseguridad y duda.

"El que se arrima a Dios, hácese un solo espíritu con Él". Con esta fusión se obtiene la paz absoluta al alcanzarse la plena consciencia, en la que ya no existen cambios ni limitaciones.

* * *

Las Sagradas Escrituras dejan bien patente el alto lugar que le corresponde a la **Virgen María** en la historia de la Redención Humana; ya el Antiguo Testamento iluminó claramente su figura, aunque sea en el Nuevo donde más se destaca su colosal alcance.

San Pablo afirma en su epístola a los Gálatas: *"Cuando llegó la plenitud de los Tiempos, Dios envió a su Hijo para ser hecho de mujer"*. Para el Apóstol, *"la plenitud de los Tiempos"* significa la Encarnación del Hijo de Dios como el centro de todo lo creado; a su vez, el evangelista San Lucas, transmite las palabras que el arcángel San Gabriel dirigió a María en el momento de la Anunciación: *"El Espíritu Santo vendrá sobre Ti y el poder del Altísimo te cubrirá con su sombra. Por eso el que va a nacer será llamado Hijo de Dios"*.

Pero la maternidad divina estaba vinculada a la libre aceptación de María. Dios quiso guardar el máximo respeto hacia la libertad de la Virgen, aun tratándose del acontecimiento más decisivo de la historia de la salvación del género humano. Por ello, al aceptar, María se convirtió en la Madre de Jesús, a quien dio una naturaleza humana semejante a la suya; en Cristo hay dos naturalezas, la divina y la humana, pero existe tan sólo una persona que es divina, la Segunda Persona de la Santísima Trinidad. En consecuencia, Jesús, Hijo de Dios Padre y de María Santísima, es verdadero Dios y verdadero Hombre.

* * *

Nuestra Señora de la Esperanza, la Macarena, de Sevilla.

Nuestra Señora de la Esperanza de Sevilla,
abandona su trono para atender a sus hijos

A lo largo de los siglos la Iglesia Católica no ha cesado de alabar a la Virgen María a través de sus Doctores y de sus teólogos. Hombres y mujeres de todos los tiempos expresaron, igualmente, su amor hacia la Madre de Dios, como ha quedado reflejado en tantos pensamientos profundos y en tantas obras de arte.

En el corazón de cada persona existe un modo diferente de interpretar lo que se siente por María; las alabanzas son inagotables y... sin embargo *"De Maria nunquam satis"*. De María nunca podremos decir lo suficiente...

Los escritos de San Luis María Grignion de Montfort y de San Alfonso María de Ligorio, dieron un gran empuje al movimiento mariano contemporáneo, aunque no hubiese adquirido su actual vigor de no haber sido por la intervención de los últimos Papas, en especial la de Pío XII al proclamar el Dogma de la Asunción.

Cuatro han sido, los Dogmas definidos por el Magisterio extraordinario de la Iglesia en relación a la Virgen María:

1º. Su **Maternidad Divina**. *"María es la Madre de Dios"*. Concilio de Éfeso, en el año 431, bajo el Papa Celestino I.

La dignidad de la Madre de Dios es la más excelsa que puede darse. El Hijo de Dios, eterno e infinito, es también el Hijo de María Santísima.

2º. Su **Virginidad perpetua**. *"María fue Virgen en el parto, antes del parto y después del parto"*. Segundo Concilio de Constantinopla (siglo VI) seguido por el Segundo Concilio de Letrán (siglo XII).

Desde entonces la Iglesia alaba sin cesar, la Virginidad de María.

3º. La **Inmaculada Concepción**. *"María nacida sin pecado original".* Dogma definido por S.S. Pío IX, el día 8 de diciembre de 1854, en su encíclica **"Ineffabilis Deus"**.

María, llena de gracia, nunca pudo tener la menor mancha de pecado, siendo inmune a él desde su Concepción y durante toda su Inmaculada vida.

4º. Su **Asunción a los Cielos.** *"María asunta a los cielos en cuerpo y alma".* Así lo afirmó el Papa Pío XII, al declarar el Dogma de la Asunción de Nuestra Señora, el día 1 de noviembre de 1950.

Posteriormente, el concilio Vaticano II, muy interesado en los temas marianos, declaró que la Santísima Virgen María había sido predestinada, **desde la eternidad**, como la Madre de Dios.

* * *

Desde la eternidad, en la Mente Divina estuvo presente la Encarnación de su Hijo, Y, como para poder encarnarse, Jesús necesitaba una Madre, María estuvo -desde siempre- en los designios de Dios. Ya lo dicen los Proverbios, en palabras a Ella atribuidas por la liturgia:

"Antes que los abismos
Yo fui engendrada.
Antes que las fuentes
de abundantes aguas...
Antes que los montes
fuesen cimentados.
Antes que los collados...
Yo fui concebida."

La Inmaculada de la Catedral de Granada,
obra del inspirado escultor Alonso Cano.

CAPÍTULO II

PRIMERAS APARICIONES MARIANAS

El Pilar, El Cojo de Calanda, Advocaciones medievales, imágenes soterradas, La Virgen de Guadalupe en España y en México.

El Pilar (40). Zaragoza.

Santiago el Mayor, a quien la Virgen del Pilar se le apareció en Zaragoza, en el año 40, era uno de los dos hijos de Zebedeo y de María Salomé, prima hermana de Nuestra Señora. Vivía en Betsaida, junto a sus padres y a su hermano Juan, todos ellos dedicados a la pesca en el lago Tiberíades, también conocido como el Mar de Galilea por su gran dimensión.

En esta misma zona se encontraba Nazareth, el pueblo de la Sagrada Familia y de María de Cleofás, otra prima hermana de Nuestra Señora, casada con Alfeo, de quien tuvo cuatro hijos; Santiago el Menor, José, Judas Tadeo y Simón Celotes. Tanto la Virgen María como sus dos primas eran descendientes de la Casa de David, perteneciente a la tribu de Judá, la más importante de Israel.

La Virgen del Pilar con el manto de la Revista María Mensajera.

La Virgen sin manto, la Columna que trajo en carne mortal a Zaragoza, aparece revestida de plata. Es columna milagrosa impregnada con la sangre de Cristo y vinculada por tanto a la Pasión del Señor, según confirman Místicos y Santos.

Cuando a Jesús le llegó el momento de iniciar su vida pública, buscó a sus discípulos entre sus familiares y conocidos de Galilea, siendo Pedro y Andrés, aquellos a los que primeramente se dirigió; los dos hermanos, pescadores de oficio, abandonaron su casa para seguir al Señor, cuando les prometió hacer de ellos *"pescadores de hombres"*. La misma decisión fue tomada por Santiago y por Juan el día en que se les acercó Jesús, mientras estaban remendando unas redes, en compañía de su padre Zebedeo. Con estos cuatro discípulos, que ya no se separarían de Él hasta el momento de su Ascensión a los Cielos, el Señor inició su ministerio en la provincia de Galilea.

En esta primera etapa, la madre de Santiago y de Juan, pidió a Jesús conceder a sus hijos los lugares preferentes de su nuevo Reino, sentando a uno de ellos a su derecha y al otro a su izquierda (Mateo, 20,20); a pesar de que el Señor pareció molestarse por esta atrevida sugerencia, los dos discípulos demostraron en el curso de sus vidas que eran dignos del puesto que su madre había solicitado para ellos, al ser Santiago el primer apóstol que sufrió el martirio y Juan el fiel servidor de la Virgen María, después de morir su Hijo.

"A partir de ese día, el discípulo la acogió en su casa" (Juan, 19, 26-28).

Ambos hermanos fueron elegidos por Cristo para acompañarle en los momentos más importantes de su apostolado; en unión de Pedro presenciaron su gloriosa Transfiguración, después de ser cubiertos por una nube y de aparecer Moisés y Elías, mientras se escuchaba la voz de Dios:

"Éste es mi Hijo muy amado en quien me complazco" (Mateo 17, 1-14).

Igualmente fueron ellos quienes estuvieron presentes en el milagro de la resurrección de la hija de Jairo, el Jefe de la Sinagoga (Lucas 8, 49), así como en los dramáticos momentos de la Oración en el Huerto (Marcos 14, 36) cuando el Señor, llevándoles aparte, junto con Pedro, comenzó a sentir angustia y decía *"Triste está mi alma hasta la muerte; permaneced aquí y velad conmigo"*.

* * *

Después de la Muerte de Jesús, de su Resurrección y de su Ascensión a los Cielos, Santiago se quedó en Jerusalén como miembro de la Iglesia recién fundada, bajo el mandato de San Pedro, su primer vicario. Pronto comenzaron las persecuciones contra los seguidores de Cristo, muriendo lapidado el protomártir San Esteban, el día 27 de diciembre del año 34 y siendo los cristianos desterrados de Jerusalén. Santiago, junto a 15.000 personas más, embarcó en el puerto de Jaffa, rumbo a Italia, en unión de su madre María Salomé, mientras su hermano Juan quedaba en Jerusalén al cuidado de la Virgen María, a la sazón de 54 años de edad, a quien acompañó devotamente hasta el día de su muerte ocurrida en Éfeso, años más tarde.[1]

---

[1] Aunque en la Edad Media se llegó a la conclusión de que Nuestra Señora había muerto en Jerusalén, muchos indicios, que datan del siglo II, permiten afirmar que su Asunción al Cielo tuvo lugar en *"Miriyem Ana"*, la casa donde habitó en Éfeso en compañía de San Juan. Esta idea viene reforzada por el hecho de que San Jerónimo nunca mencionase en sus escritos que la Virgen falleciese en Jerusalén, a pesar de los muchos pormenores que dio sobre esta ciudad. Por el contrario, es en Éfeso donde existe la primera Basílica dedicada a la Virgen en donde, en el año 431, se celebró el primer Concilio Ecuménico de Nicea, proclamándose en él, el dogma de la Maternidad Divina de María. Dicha basílica fue visitada por Pablo VI el 26 de junio de 1967 y por nuestro actual Pontífice, el 30 de noviembre de 1979.

Una vez llegado a Italia, Santiago se instaló con su madre en un poblado cercano a Nápoles donde, poco tiempo después murió María Salomé, siendo enterrada en la ciudad de Verulo; fue entonces cuando el Apóstol decide marchar a España para ejercer su misión en este país, cumpliendo así la expresa orden que le dio el Señor. Con este propósito embarcó destino a Cerdeña, entrando en la Península por Cartagena en el año 35. Recorrió Granada, Jaén, Córdoba y Mérida; cruzó la frontera de Portugal hasta llegar a Braga; regresó nuevamente a España por Galicia; siguió hasta Astorga, Logroño y Tudela, llegando finalmente a Zaragoza, ciudad donde pronto se le aparecería la Virgen del Pilar.

* * *

Al anochecer del día 2 de enero del año 40, Santiago Apóstol, después de haber estado largas horas predicando el Evangelio en Zaragoza, se retiró de la ciudad, acompañado por sus discípulos, en busca de un lugar solitario, a las orillas del Ebro, donde poder dedicarse a la oración. Súbitamente escuchó unas voces melodiosas entonando cánticos a Nuestra Señora y alzó los ojos al Cielo para ver de dónde provenían.

La Virgen María, que aún vivía en Jerusalén, apareció ante él, *"en carne mortal"*, bellísima, resplandeciente, transportada en una luminosa nube por un coro de ángeles. Dio ánimos a Santiago, a fin de que continuara con su difícil apostolado, y le pidió la edificación de un templo, que debería alzarse en un lugar cercano al río, determinado por Ella con precisión.

"En este lugar edificarás una iglesia en mi Nombre, en la que Dios obrará grandes maravillas y que se conservará en la

tierra hasta el final del mundo. Una vez cumplido mi deseo regresarás a Jerusalén, donde mi Hijo quiere que ofrezcas el sacrificio de tu vida en la misma ciudad donde Él dio la suya, para la Redención de la humanidad".

Los ángeles traían con ellos una columna de jaspe y una imagen de la Virgen, de 38 centímetros de altura, tallada en madera de cedro; en dicha imagen Nuestra Señora sujetaba al Niño entre sus brazos quien, a su vez, sostenía una paloma en su mano izquierda. Siguiendo sus indicaciones, los ángeles colocaron la imagen sobre el pilar de jaspe, elevándose después al Cielo para nuevamente trasladar a Jerusalén a Nuestra Señora. Al verles desaparecer, el Apóstol regresó a la ciudad, con el fin de poner en práctica las órdenes que acababa de recibir.

Cuando finalizó la construcción de la pequeña capilla de la Virgen del Pilar, en el mismo lugar donde se había manifestado, Santiago el Mayor se dirigió a Tarragona, donde embarcó hacia Italia y Asia Menor, camino de Jerusalén, continuando allí su predicación a judíos y a gentiles, en espera de su anunciado martirio; el vaticinio se cumplió el día 25 de marzo del año 46, al ser decapitado por orden del rey Herodes Antipas.

Según recoge el escrito *"Deus Omnipotens"*, de León XIII, no se permitió dar sepultura en Jerusalén al cuerpo del Apóstol, por lo que dos de sus discípulos, Atanasio y Teodoro, recordando el deseo de Santiago de ser enterrado en Galicia, hicieron los preparativos necesarios para sacarlo de Judea. Tropezando con grandes dificultades y corriendo enormes riesgos, se hicieron a la mar desde el puerto de Jaffa, en una pequeña barca, sin remos ni velas, que les llevó a Iris Flavia en tan sólo siete días, siendo los ángeles los que pilotaron durante la travesía, según cuenta una antigua tradición.

Al desembarcar en Galicia, los discípulos amarraron la nave en un tronco de madera, actualmente conservado en la iglesia de Santiago del pueblo de Padrón, y fueron en busca de una viuda llamada Loba para pedirle que diera sepultura a los restos del Apóstol. Dejando que fuese la Providencia la que determinase el lugar donde debería de ser enterrado, introdujeron el cuerpo en un carro tirado por dos toros que le condujeron desde el Monte Sacro hasta la actual Compostela (*Campus stellae*), siguiendo la luz de una estrella. Sobre aquel sepulcro, de mármol blanco, se alza la actual Catedral.

* * *

Santiago el Mayor, así denominado para distinguirlo del otro Santiago, llamado el *"Menor"*, era también conocido como *"el Hijo del Trueno"* por su intrépido carácter. Debido a este valor, el Apóstol fue elegido **Patrón de España** a raíz de la ayuda por él prestada, en la batalla de Clavijo (884), después de muerto, cuando los ejércitos árabes de Abderramán, el Emir de Córdoba, lucharon contra las tropas de Ramiro I, rey de Asturias, en tiempos de la Reconquista española.

La inesperada presencia de un valeroso guerrero, montado sobre un caballo blanco, entre las filas del Monarca, hizo darse en fuga a los hombres de Abderramán, que huyeron despavoridos ante el coraje del que hacía gala el guerrero desconocido. Solamente Ramiro I, que la noche anterior había pedido al Apóstol su ayuda para vencer, pudo reconocerlo inmediatamente.

El triunfo de la batalla de Clavijo, originada ante la negativa del Rey de Asturias de continuar pagando a Abderramán el tributo de *"las cien doncellas"* que recibía anualmente, es sin duda, uno de los más grandes milagros del Patrón de España.

* * *

La primera capilla construida a la Virgen del Pilar fue de muy pequeñas dimensiones: 16 pies de largo por 8 de ancho. Con el tiempo, la devoción de los fieles la fue ampliando, aunque siempre se respetó el lugar preciso elegido por Nuestra Señora para colocar en él su Imagen. Desgraciadamente un violento incendio destruyó casi por completo la edificación en el año 1430, salvándose únicamente el templo donde Ella estaba. Los gastos ocasionados por el siniestro los sufragó la reina Blanca de Navarra, en agradecimiento a la Virgen del Pilar por haberle devuelto la vida, después de haber sido dada por muerta y amortajada.

El arzobispo Alonso de Aragón, hermano del rey Fernando el Católico, mandó edificar un nuevo templo en 1515, convertido en Basílica en 1671, con motivo de la visita a Zaragoza del rey Carlos II. Entre los arquitectos que colaboraron en su construcción, hasta finalizar la reforma, se encontrabán Francisco de Herrera y Ventura Rodríguez.

Durante la guerra civil española (1936-1939), el Pilar fue bombardeado el día 3 de agosto de 1936, recién iniciada la contienda; de las cuatro bombas arrojadas sobre la Basílica - una en la puerta principal, otra cercana al río y dos más en las bóvedas del templo-, ninguna llegó a explotar. El general Millán Astray, impresionado ante este portentoso suceso, se personó en Zaragoza con el fin de otorgar a la Virgen el nombramiento de *"Jefe de la Legión española"* e imponerle la banda de Honor. Igualmente, Alfonso XIII, mediante una Real Orden, concedió a Nuestra Señora el cargo de *"Capitán General"*, junto con el Fajín Rojo, con ocasión del 1er Congreso Mariano Internacional, celebrado en Zaragoza.

Estos dos títulos se unieron a los muchos que Ella ya poseía, entre los que cabe destacar, Patrona de Aragón, Patrona de la Guardia Civil, Patrona del Cuerpo de Correos, Patrona de la Acción Social Católica y Reina de la Hispanidad.

Han sido, también, muy numerosos, los milagros atribuidos a la intercesión de la Virgen del Pilar, sobresaliendo entre todos ellos, el prodigioso caso del *"Cojo de Calanda"*, por su rigurosa confirmación histórica y por su precisa verificación científica.

El Cojo de Calanda (1640)

Miguel Juan Pellicer Blasco, nacido en la villa de Calanda (Teruel) e hijo de un matrimonio de labriegos, sufrió un grave accidente en el verano de 1637 mientras viajaba en un carro de mulas. Fue llevado a un hospital de Valencia, donde se registró su ingreso el 3 de agosto aunque, viéndose que su estado empeoraba, se le trasladó al Hospital de Nuestra Señora de Gracia, en Zaragoza, donde llegó con la pierna derecha gangrenada. Allí fue atendido por el cirujano Juan de Estanga quien, después de consultar al licenciado Millaruelo, tomó la decisión de amputarle la pierna enferma,

La Virgen del Pilar, atendiendo los ruegos de Miguel Juan Pellicer, le devuelve la pierna cortada y enterrada. Cuadro que se conserva, a la vista del público, en la Basílica de Zaragoza.

que fue enterrada en el cementerio del hospital por el practicante Juan García.

Una vez abandonado el centro médico, y ante la imposibilidad de poder trabajar, Pellicer se resignó a pedir limosna en las puertas de la Basílica de la Virgen del Pilar, comenzando a asistir diariamente a Misa y a pedir a la Virgen la imposible "*devolución*" de su pierna. Dos años más tarde, cuando acababa de cumplir los 23, decide regresar de nuevo a la casa de sus padres en la Villa de Calanda.

El día 29 de marzo de 1640, después de haber estado reunido con unos amigos suyos que contemplaron apenados las heridas de su muñón, Miguel se retiró a su habitación para implorar nuevamente a la Virgen del Pilar por su curación, antes de caer en un profundo sueño. A las once de la noche sus padres entraron en dicha estancia, al percibir que de allí venía una extraña fragancia, *"un olor suave y desacostumbrado"*, pudiendo contemplar, a la luz de un candil, que Miguel tenía restituida la pierna amputada dos años y medio antes. Avisaron a los vecinos de Calanda, al párroco y a las autoridades, a fin de que todos ellos testificaran este hecho prodigioso; más tarde, el pueblo entero acompañó a Miguel a una capilla cercana, con el propósito de agradecer a la Virgen tan asombroso milagro.

La noticia llegó al párroco de la iglesia de Mazaleón, don Marcos Sagüés, quien decidió ir personalmente a Calanda para cerciorarse de que lo que le contaban era cierto. Una vez convencido de la realidad de un hecho tan inaudito, el párroco pidió que se levantase un acta notarial de lo sucedido y así lo hizo el notario don Miguel Andreu, con fecha del 2 de agosto de 1640, conservándose el original en el despacho del alcalde de Zaragoza. En ella se testifica que la pierna '*devuelta*' era la misma que había sido enterrada en el cementerio del Hospital de Nuestra Señora de Gracia de Zaragoza, al presentar ambas, idénticas cicatrices y hasta la misma huella del mordisco de un perro.

El 5 de junio de 1640 se inició el proceso formal del Tribunal Eclesiástico de Zaragoza, que concluyó el 27 de abril de 1641 con una sentencia favorable del arzobispo don Pedro Apaolaza. Los principales testigos de este proceso fueron el propio Miguel Pellicer y los cirujanos Estanga y Millaruelo, acompañados por el equipo médico que había colaborado en la operación.

Como era natural, el milagro tuvo una repercusión muy grande, no sólo en España sino también en el extranjero. El conde de Peñaranda, a la sazón embajador plenipotenciario en Münster, vio con sus propios ojos el círculo rojizo por donde la pierna restituida había sido unida, e informó al rey Felipe IV de lo sucedido. De este modo, Miguel Pellicer fue a Madrid requerido por Su Majestad, siendo recibido en palacio, donde el propio rey le interrogó en presencia de la Corte. Antes de despedirse de él, el Monarca se acercó para besar la pierna milagrosa al tiempo que decía: "*Ya no toca discurrir o razonar, sino creer y alegrarnos como buenos cristianos*". La escena fue inmortalizada por el pintor Félix Pescador en su cuadro titulado "**El beso de Felipe IV**".

Así mismo lord Hapton, embajador del Reino Unido, informó detalladamente a su rey Carlos I quien, impresionado por lo que oía, comentó: "*No sé si será milagroso o no, pero lo cierto es que una pierna amputada y enterrada ha sido recuperada de nuevo*".

Miguel Pellicer falleció el 12 de septiembre de 1647, a la edad de treinta años, en Velilla de Ebro, donde fue enterrado. A partir de entonces el suceso milagroso fue objeto de minuciosos estudios científicos, cuyos resultados siempre contribuyeron a reafirmar su veracidad. Entre ellos figura el realizado por el francés André Deró, recogido en su obra **"L´homme à la jambe coupée"**, en la que confirma el milagro de Calanda como el más extraordinario de todos los atribuidos a la Virgen del Pilar.

Advocaciones medievales.

Cuando en la Edad Media los pueblos bárbaros, invasores de Europa, se convirtieron al cristianismo, fueron muy numerosas las apariciones de la Virgen María que dieron origen a distintas advocaciones marianas, adquiriendo, algunas de ellas, una gran difusión:

La Virgen del Rosario se apareció, en 1215, a Santo Domingo de Guzmán, fundador de la Orden de Predicadores de los padres dominicos, a quien hizo entrega del rosario que llevaba entre sus manos, al tiempo que le pedía la propagación de esta devoción tan querida por Ella.

En 1218, la **Virgen de la Merced** se manifestó a San Pedro Nolasco, a fin de comunicarle su deseo de fundar una nueva orden religiosa, con el propósito de liberar a los cristianos cautivos. Simultáneamente se apareció a San Raimundo de Peñafort, confesor de San Pedro Nolasco y al rey de Aragón, Jaime I el Conquistador, requiriendo la ayuda de ambos y su apoyo y protección para esta empresa.

Las apariciones de la **Virgen del Carmen** se remontan al Monte Carmelo de Palestina, donde el profeta Elías pasó largos años de su vida como anacoreta y penitente. Más adelante. el 16 de julio de 1251, la Virgen del Carmen se presentó nuevamente ante San Simón Stock, superior general de la Orden de los Carmelitas, con el fin de entregarle un escapulario, y prometerle que las personas que lo hubieran llevado en vida y murieran con él puesto, no padecerían las penas del Infierno. La devoción al escapulario del Carmen se propagó por el mundo entero, siendo incontables los milagros a él atribuidos.

Imágenes soterradas

Son muy numerosas las imágenes de la Virgen María que fueron escondidas por los cristianos durante la Reconquista española con el propósito de evitar que cayeran en manos de los ejércitos musulmanes. Muchas de ellas se hallaron posteriormente en el mismo lugar donde se las enterró, como sucedió con la imagen de la **Virgen de Montserrat** -Patrona de Cataluña desde 1881- encontrada milagrosamente en el año 888, por unos pastores que se sintieron atraídos al lugar donde se hallaba, al ver brillar en la distancia unas misteriosas luces. La pequeña ermita, allí construida, acabó convirtiéndose en el actual monasterio benedictino de Montserrat, donde la Virgen, conocida popularmente como '*la Moreneta*' por el color oscuro de su piel, preside el altar mayor con su Niño entre los brazos.

La bellísima talla de la **Virgen de la Almudena**, Patrona de Madrid, fue escondida por los cristianos durante la batalla de Guadalete (711-712) a fin de evitar que se profanara su imagen. Años más tarde, el 9 de noviembre de 1085, al paso de una procesión de acción de gracias por haber sido liberada la ciudad de Madrid por el rey Alfonso VI, un trozo de la muralla de Almurit (actual Cuesta de la Vega), se derrumbó con estrépito dejando ver, empotrada en ella, la imagen de la Virgen de la Almudena, flanqueada por dos cirios encendidos.

Esta imagen de la Virgen, que está en pie sosteniendo al Hijo entre sus brazos, se encuentra en la Catedral de Madrid, siendo muy numerosos los milagros atribuidos a Ella; no deja de resultar curiosa la coincidencia existente entre la caída del muro de la Virgen de la Almudena y la caída del tristemente célebre '*muro de Berlín*', al haber ocurrido ambas un **9 de noviembre**.

La imagen de la **Virgen Santa María de la Cabeza,** coronada canónicamente el 29 de abril de 1909 y Patrona de Andújar, fue encontrada en Sierra Morena en el año 1227 por un pastor granadino manco, llamado Juan Rivas, a quien Nuestra Señora le devolvió el brazo. El prodigio, similar al que sucedería cuatro siglos después en la Villa de Calanda, es otra prueba inequívoca de que los milagros existen, han existido y seguirán existiendo.

Nuevamente unos pastores, esta vez guanches, de la isla de Tenerife, fueron quienes descubrieron en 1392 a la **Virgen de la Candelaria** oculta en un barranco. Uno de ellos comenzó a tirarle piedras, quedando su brazo extendido en el aire sin poderlo mover; los demás, ante tal prodigio, decidieron cargar con la pesada imagen sobre sus hombros para llevarla al palacio de Chinguaro, residencia del rey de Guimar, en la creencia de que en este lugar la Virgen estaría bien atendida. Posteriormente, por consejo del guanche Antón que quería darle una morada propia, la Virgen fue trasladada a la cueva de San Blas, siendo este primer templo cristiano de las Islas Canarias, el lugar donde se bautizaron todos aquellos guanches que creyeron en Ella.

La Virgen de la Candelaria, actual Patrona de la isla de Santa Cruz de Tenerife, está tallada en madera policromada, mide un metro de altura, tiene un rostro perfecto, la tez morena y los ojos rasgados. El Niño, apoyado en sus brazos, sostiene entre las manos un pajarito dorado. En 1530 la imagen fue donada a la Orden de Santo Domingo con el propósito de que se le diera custodia y culto diario.

Aparición de la Virgen de Guadalupe en España (1325)

Con ocasión de una convocatoria del papa San Gregorio el Magno, los obispos católicos del mundo entero se reunieron en Roma, con la excepción de San Leandro, arzobispo de Sevilla quien, ante la imposibilidad de poder trasladarse allí personalmente, envió a su hermano San Isidoro para que lo representara.

El Pontífice poseía una bella talla de Nuestra Señora, esculpida por el evangelista Lucas, escultor, pintor, secretario de la Madre de Dios y cronista de todas sus grandezas. Dicha imagen, considerada muy milagrosa, tras haber liberado a la ciudad de Roma de una devastadora epidemia de peste, fue donada por el Papa al arzobispo sevillano cuando concluyó la convocatoria, como prueba de la gran estima que sentía hacia él. Al ser enviada a España, una gran tormenta puso en peligro de zozobrar al barco que la transportaba y sus tripulantes, recordando los milagros a Ella atribuidos, no dudaron en subirla a cubierta, calmándose de inmediato el terrible temporal.

En el año 711, cuando las tropas musulmanas enviadas por Muza y con Tarik al frente penetraron en España, por Andalucía, derrotando a don Rodrigo a orillas del río Guadalete, unos clérigos que huían de Sevilla decidieron llevar consigo la imagen donada por San Gregorio, a fin de ponerla a salvo del avance de los árabes. Al llegar a la montaña de Guadalupe, entre Trujillo y Talavera, los religiosos hallaron una pequeña cueva donde enterraron a la Virgen, junto con varios documentos que detallaban su procedencia, cubriendo la entrada de aquel lugar con grandes piedras, a fin de evitar su posible acceso.

En 1325, seis siglos más tarde, un pastor extremeño llamado Gil Cordero, deambulaba por aquellos parajes en busca de una res que acababa de extraviar; al tropezar al fin con ella, yaciendo muerta en el suelo y comenzar a descuartizarla, la súbita aparición de una "*bella señora*" le hizo frenar su intento: "*Yo soy la Madre de Dios y es mi deseo que caves en este lugar hasta hallar en él una imagen mía*".

Una vez pronunciadas estas palabras la visión se desvaneció, mientras el pastor contemplaba, con gran estupor, cómo la res muerta volvía a la vida; regresó a su casa apresuradamente, donde encontró a sus familiares esperándole llenos de desolación, para notificarle el inesperado fallecimiento de su hijo menor. Teniendo aún ante sus ojos la aparición que acababa de contemplar, Gil Cordero rogó a la Madre de Dios por la vida de su hijo, y el niño, al punto, resucitó. Decidido a cumplir fielmente los deseos de la Virgen María, relató estos recientes prodigios a unos sacerdotes amigos, los cuales, fiados de sus palabras, le acompañaron a la montaña de Guadalupe en busca de la Virgen enterrada. Al llegar al lugar preciso, comenzaron a cavar la tierra hasta encontrar, sepultada en ella, la imagen depositada por los clérigos sevillanos, junto a los documentos donde se detallaba su procedencia.

Cuando este importante hallazgo fue ya un hecho público, se comenzó la edificación de una pequeña ermita en la cueva donde la imagen fue hallada que, posteriormente, el rey Alfonso XI, mandó ampliar. La devoción del Monarca hacia la Virgen de Guadalupe aún se acrecentó más después

Mientras el indio Juan Diego cambia de camino, para no encontrarse con la Virgen, pues considera más urgente cumplir el encargo de su tío enfermo de gravedad y de proporcionarle los auxilios espirituales que este le reclama, la Señora se manifiesta al enfermo y le cura milagrosamente. Después alcanza a su vidente y le trasmite sus órdenes.

de su victoria en la batalla del Salado (1340), atribuida por él, a la intercesión de la Virgen guadalupana. Este hecho, movió a Alfonso XI a convertir el santuario de Nuestra Señora, en un Priorato que gozaba del Patronato Real.

Más adelante, se edificó un Monasterio a cargo de los monjes Jerónimos, un hospital cercano y varias hospederías para los numerosos peregrinos que visitaban aquel lugar. También los Reyes Católicos fueron con frecuencia al Monasterio de Guadalupe, firmando allí el documento que dio a Cristóbal Colón la autorización para iniciar su viaje al Nuevo Mundo; a su vez, el descubridor de América ofreció a la Virgen un enorme cirio con el ruego de que velase por ellos.

En su segunda expedición, Cristóbal Colón, llamó Guadalupe a una de las islas descubiertas, y a su regreso a España trajo consigo varios indígenas que recibieron las aguas bautismales en el santuario guadalupano.

Aparición de la Virgen de Guadalupe en México (1531)

Diez años después de que la capital azteca fuese tomada por Hernán Cortés y apenas llegado a Nueva España el arzobispo vasco Juan de Zumárraga, la Virgen de Guadalupe, rodeada por brillantes haces de luz dorada, se presentó ante el indio Juan Diego, de 56 años de edad, vecino de Cuauhtitlan.

Era sábado y amanecía; Juan Diego caminaba deprisa en su deseo de llegar a Tlatilolco para escuchar la Santa Misa, mientras oía embelesado, el cantar de los pájaros del campo. Al acercarse al cerro de Tepeyac una dulce voz le llamó por su nombre.

"Juanito... Juan Dieguito..."

La voz venía desde lo alto del cerro y hacia allí se fue Juan Diego, donde encontró, antes de alcanzar la cumbre, a una hermosa Señora *"más reluciente que el sol"*. Cegado por su belleza cayó postrado a sus pies, prestando atención a todas las palabras que Ella le dirigía.

"Soy la siempre Virgen Santa María, Madre del verdadero Dios, por quien se vive. El Creador de las personas; el dueño de la cercanía y de la inmediación; el dueño del Cielo; el dueño de la Tierra. Mucho quiero, hijo mío, que aquí me levanten mi casita sagrada.

Para realizar lo que pretende mi Corazón, vete al Palacio del Obispo de México y dile que Yo te envío. Descúbrele mi deseo de que aquí me provea de una casa; que me alce en este mismo llano un templo.

Todo esto lo contarás; cuanto has visto y has oído. Ten por seguro que mucho lo agradeceré; retribuiré tu cansancio y el servicio que me vas a prestar; anda y ve. Haz lo que esté de tu parte."

El indio, después de escuchar atentamente a la Madre de Dios, se fue presuroso a cumplir con su mandato, aunque no obtuvo ningún resultado porque el obispo fray Juan de Zumárraga, no quiso dar crédito a sus palabras. Apenado por este fracaso, inició el regreso hacia su casa, volviendo a encontrarse con la Señora del Cielo a quien, tristemente, relató lo sucedido:

"Patroncita, Señora, Reina mía, Muchachita; yo fui a donde me mandaste a cumplir tu amable palabra. Con dificultad entré donde se encontraba el Gobernante Sacerdote a quien vi y expuse lo que me mandaste. Lo escuchó perfectamente pero no lo tuvo por cierto. Mucho te suplico, Señora mía, que alguno de tus nobles que sea conocido, respetado y honrado, le encargues que lleve tu amable pedido para que le crean. Porque, en verdad, yo soy un hombre de campo, soy parihuela, soy cola, soy ala. Yo mismo necesito ser conducido, llevado a cuestas. No es mi lugar ir a detenerme donde Tú me envías; Virgencita mía, Hija mía, Señora, Niña, por favor, dispénsame".

Después de escuchar estas humildes palabras, la Madre de Dios contestó con dulzura:

"Ten por cierto que no son escasos mis mensajeros, pero es muy necesario que seas tú quien personalmente vayas, para que por tus ruegos y tu intercesión se lleve a efecto mi querer, mi voluntad.

Mucho te ruego, hijo mío, y con rigor te lo mando, que otra vez vayas mañana a ver al Obispo. Hazle oír mi querer para que realice el templo que le pido. Dile de nuevo que Yo, personalmente, la Siempre Virgen Santa María, Madre de Dios, soy quien te envía."

Ante la insistencia de la bella Señora, Juan Diego volvió al Palacio Arzobispal al día siguiente, domingo, después de haber oído Misa en Tlatilolco. Esta vez, al verse de nuevo en presencia del Obispo, se hincó de rodillas ante él, rogándole que cumpliese el deseo de la Madre de Dios.

Monseñor Zumárraga atendió al indio con cariño, solicitándole, antes de despedirse, que le entregara *"una señal"* como prueba de que era la Madre de Dios quien realmente le enviaba a él. La condición del Obispo le fue transmitida a la Virgen poco tiempo después, al encontrarse nuevamente Juan Diego con Ella, en el cerro de Tepeyac.

"Bien está, hijito mío, Volverás aquí mañana para que lleves al Obispo la señal que ha pedido. Con eso te creerá. Ya no dudará de ti ni sospechará. Y, sábete hijito mío, que Yo te pagaré tu cuidado y tu trabajo. Ahora vete, que mañana aquí te espero."

Sin embargo, al día siguiente, lunes, Juan Diego no pudo acudir a esta cita, ya que su tío Juan Bernardino, converso como él, había caído gravemente enfermo y necesitaba su compañía.

El martes, 12 de diciembre, el atribulado indio, cada vez más alarmado ante el estado de gravedad de su tío, salió muy de madrugada en busca de un sacerdote que pudiese administrarle los últimos auxilios y ayudarle a bien morir.

Con intención de evitar un nuevo encuentro con la Madre de Dios, que le retrasaría en su búsqueda del religioso, Juan Diego bordeó el cerro de Tepeyac, en vez de atravesarlo; por el contrario, Nuestra Señora al verle llegar, descendió por la ladera para venir a su encuentro.

"¿Qué pasa, hijo mío? ¿A dónde vas? ¿A dónde te diriges?"

Después de escuchar las tímidas excusas que el indio le daba por haber tratado de esconderse de Ella, le aseguró, con bellas palabras, que no debería de apenarse más por la salud de su tío.

"Hijo mío, escucha y ponlo en tu corazón. No es nada lo que te aflige, que no se perturbe tu rostro. No temas esta enfermedad ni ninguna otra enfermedad, ni cosa punzante aflictiva.

¿No estoy Yo, que soy tu Madre?

¿No estás bajo mi sombra y resguardo?

¿No soy Yo la fuente de tu alegría?

¿No estás en el hueco de mi Manto y en el cruce de mis brazos?

¿Tienes necesidad de alguna otra cosa?

Que nada te aflija, que nada te perturbe. Que no te apriete con pena la enfermedad de tu tío porque de ella no morirá. Ten por cierto que ya está bueno".

Conmovido y tranquilizado, Juan Diego pidió a la Reina del Cielo que le enviase inmediatamente al Palacio Episcopal, para entregar al Obispo *"la señal"* que le solicitó.

"Sube a la cumbre del cerrillo, hijo mío, y allí donde me viste por primera vez hallarás muchas flores. Córtalas y tráelas a mi presencia".

Imagen de la Virgen de Guadalupe (España)
escultura del siglo XII, apariciones del año 1325.

Fotografía de la Virgen de Guadalupe de Méjico.

Aunque extrañado por esta orden, ya que en la cumbre del cerro tan sólo había abrojos, Juan Diego subió obediente hasta la cima del monte donde encontró bellas flores, acabadas de brotar, en medio de aquel erial. Las cortó con sumo cuidado y las envolvió en su *tilma* -así llamada la manta de ayate que llevaba sujeta al cuello- antes de entregárselas a la Madre de Dios, que las tomó entre sus manos.

"Mi hijito menor, estas diversas flores son la señal que llevarás al Obispo. De mi parte le dirás que vea en ellas mi deseo y que realice mi voluntad. Y tú... tú que eres mi mensajero... en ti, absolutamente en ti, deposito mi confianza. Y mucho te mando con rigor que nada más en presencia del Obispo, extiendas tu ayate y le enseñes lo que llevas. Para así

poder convencer al Gobernante Sacerdote que ponga lo que esté de su parte para que se levante el templo que he pedido."

Juan Diego, una vez escuchadas estas indicaciones de Nuestra Señora, se puso en camino hacia el Palacio Episcopal donde los servidores del Obispo, al verle llegar, quisieron saber qué ocultaba en su tilma. El indio, asustado, les mostró algunas flores, que ellos se apresuraron a coger. Tres veces trataron de arrebatárselas sin conseguir lograr su intento porque algunas de las flores desaparecían al ser tocadas y otras quedaban bordadas en el tejido de la tilma.

Asombrados ante este prodigioso hecho, los propios sirvientes condujeron a Juan Diego en presencia del Obispo, a quien, finalmente, pudo entregar las flores traídas desde lo alto del cerro.

Fue entonces cuando, al desplegar su tilma y esparcirse las flores por el suelo, todos los allí presentes pudieron contemplar cómo, la imagen de la Virgen de Guadalupe, quedaba impresa entre los pliegues de aquella tosca prenda de algodón.

El obispo Zumárraga, profundamente conmovido, tomó entre sus manos la tilma con la Virgen plasmada en ella, para llevarla personalmente a su oratorio privado. Al día siguiente, el indio Juan Diego, después de haber pasado la noche en el Palacio Episcopal, condujo a Monseñor al cerro de Tepeyac, a fin de mostrarle el exacto lugar donde la Reina del Cielo deseaba que se alzase su templo. Una vez cumplido el mandato de Nuestra Señora, el Obispo y sus servidores le acompañaron de vuelta hasta su casa donde se sintieron gratamente sorprendidos al encontrar a Juan Bernardino completamente curado de su grave dolencia.

"Estuvo aquí una bella Señora que me sanó. Dijo llamarse Virgen María de Guadalupe".

* * *

Estas palabras de Juan Bernardino proclamando a María *"la Virgen de Guadalupe"* quedaron reflejadas en la crónica *"Nican Mopohua"* escrita por el indio Antonio Valeriano quince años después de suceder el milagro.

Sin embargo a pesar de ello, muchos de los estudiosos de las dos apariciones guadalupanas, primero en España y después en México, mantienen el criterio de que ambas nada tienen que ver entre sí, aduciendo que la Virgen de Tepeyac no dijo llamarse Guadalupe, sino "Coatlallope", que significa "*la que aplasta la serpiente"*, en la lengua náhuati, hablada por los indígenas de aquel tiempo.

Según estos impugnadores, fueron los españoles quienes corrompieron el vocablo indígena al no poderlo pronunciar con facilidad, sustituyéndolo por el de Guadalupe que, además de sonarles mejor fonéticamente, les recordaba a la Virgen cacereña.

La tenaz insistencia de los mejicanos en querer demostrar la diferencia que existe entre estas dos apariciones, puede deberse a un mal interpretado sentimiento de nacionalismo, por no estar dispuestos a que la Virgen aparecida en México sea la misma que se apareció, con anterioridad, en la tierra de los conquistadores. Por el contrario, parece lógico considerar el deseo de Nuestra Señora de querer ser conocida bajo una misma advocación en México y en España para, de este modo, representar un símbolo de unificación entre los dos países y hermanarlos bajo una misma Madre.

* * *

PRUEBAS CIENTÍFICAS RELACIONADAS CON LA APARICIÓN GUADALUPANA.

En 1929 el fotógrafo mejicano Alfonso Marcue descubrió el reflejo de "*un hombre con barba*" en el ojo derecho de la Virgen de Guadalupe, y años más tarde, -agosto de 1951- el dibujante José Carlos Salinas volvió a apreciar la misma figura y hace público el hallazgo. A partir de entonces, numerosos oftalmólogos mejicanos comenzaron a examinar detenidamente los ojos de la Virgen, siendo Javier Tordesillas quien se arriesgó a firmar un certificado médico declarando el prodigio. Los estudios efectuados por él demostraron que las pupilas estampadas en la *tilma* reaccionaban como las de "*un ser vivo*", y que los párpados superiores aparecían cruzados por redes de vasos sanguíneos.

La noticia se propagó fuera de México, llegando a oídos del profesor peruano José Aste Tonsmann, de la Universidad de Cornell, (USA), quien inició un delicado proceso de digitalización de imágenes en los ojos de la Virgen, mediante un ordenador y de acuerdo con las técnicas más modernas. La computadora dividió las pupilas en milímetros cuadrados, para después ampliar estas divisiones a un tamaño 2.500 veces mayor que el natural. Los descubrimientos del profesor Tonsmann fueron publicados dos años más tarde, en un informe titulado "**Un estudio por computadora electrónica**", donde pudo demostrar, con la mayor precisión, que en pupilas de Nuestra Señora de Guadalupe no solamente había quedado reflejado "*el hombre de la barba*", sino también *las doce personas* que estuvieron presentes el día del milagro cuando, en el Palacio Episcopal, tuvo lugar la estampación de la Virgen en la tilma de Juan Diego (12-12-1531). Entre este grupo de gente, destaca la cabeza de un anciano, que bien pudiera ser la del obispo Juan de Zumárraga, por reunir en ella todas las características propias del hombre vasco.

También la técnica pictórica empleada en esta milagrosa imagen había sido minuciosamente examinada en 1936 por el profesor alemán Richard Kuhn, premio Nobel de química; el eminente científico, después de analizar escrupulosamente las fibras del tejido, no dudó en afirmar: "*Los colores con los que está pintada la Virgen de Guadalupe son desconocidos, al no existir en ellos ningún colorante vegetal, animal o mineral*".

Este estudio del profesor Kuhn, fue confirmado posteriormente por el informe de dos científicos de la NASA, Philip Callaghan y Brand Smith, al ratificar que la técnica empleada en la pintura era desconocida hasta la fecha.

"*¡No existen pinceladas!*" afirmaron con asombro tras realizar exhaustivos análisis fotográficos mediante rayos infrarrojos.

Existen aún más enigmas: Un frasco de ácido nítrico volcado accidentalmente sobre la tilma en 1791, no dañó el tejido. Una bomba colocada a los pies de la Virgen en 1921 por el terrorista Luciano Pérez Carpio, destrozó todo cuanto había a su alrededor con excepción de la imagen y del frágil cristal que la cubría. Por todo ello, en estos tiempos en que se pretende razonarlo todo, un milagro tan evidente como el de la Virgen de Guadalupe, supone un desafío para la ciencia que, en este caso, confirma nuestra fe.

Virgen de Siracusa

CAPÍTULO III

APARICIONES DEL SIGLO XIX APROBADAS POR LA IGLESIA

Medalla milagrosa, La Salette, Lourdes y Pontmain.

A partir del siglo XIX comienzan las apariciones "*de aviso*" dirigidas "*a los hombres y a las mujeres de la segunda mitad del siglo XX*", según las palabras de Nuestra Señora pronunciadas en La Salette y posteriormente en Fátima.

El siglo XIX, llamado por Pío XII "*el siglo de oro de María*" y por Juan XXIII "*la era mariana*" , debe su importancia a cuatro apariciones de la Virgen María sucedidas en Francia, lo cual supuso el restablecimiento del catolicismo en aquel país, muy debilitado espiritualmente desde el inicio de la Revolución.

Medalla milagrosa (1830). Francia.

Catalina Labouré, nacida en el seno de una familia campesina francesa, entró como postulante a la edad de 23 años en un convento de la Rue du Bac que las Hermanas de la Caridad tenían en París.

La Virgen de los Rayos, símbolo de las gracias que se conceden a través de la calificada de medalla milagrosa.

El 18 de julio de 1830, un poco antes de la medianoche, la novicia oyó la voz de un niño llamándola por su nombre, para pedirle que fuera a la capilla del convento; Catalina así lo hizo, encontrándose al entrar en ella, con la presencia de Nuestra Señora quien le confió una importante misión.

"Hija mía, llegará un momento de gran peligro. Pero ten confianza en Mí que Yo os protegeré. La Cruz será despreciada, la sangre correrá por las calles y el mundo estará invadido por la tristeza".

Cuatro meses más tarde, el 27 de noviembre, tuvo lugar la segunda aparición de Nuestra Señora, mientras la vidente rezaba en la misma capilla. Esta vez la Virgen apoyaba sus pies en una esfera de gran dimensión y de sus dedos, cubiertos por anillos, se derramaba una intensa luz.

"Este globo que ves -dijo la Virgen a la novicia- *representa al mundo entero y los rayos que surgen de mis manos simbolizan las gracias que derramo sobre los que las piden".*

Un óvalo comenzó a formarse a su alrededor, en el que se podía leer: *"Oh, María, sin pecado concebida, rogad por nosotros que recurrimos a Vos"*.

Después giró su cuerpo para mostrar a Catalina el Corazón de Jesús, rodeado de espinas, y el suyo propio, atravesado por una espada.

"Quiero que hagas acuñar una moneda como el modelo que ves, prometiendo grandes gracias a todos cuantos la lleven rodeando su cuello".

Como Nuestra Señora volvió a presentarse una vez más, repitiendo la misma visión y reiterando el mismo deseo, Catalina decidió solicitar la autorización del arzobispo de París para acuñar esta medalla, que se imprimió por vez primera en el año 1832.

Pronto fue conocida como la *"medalla milagrosa"*, por las curaciones que se multiplicaron en las personas que la llevaban; los milagros comenzaron a ser innumerables, así como sus devotos entre los que se contaban el cura de Ars, don Bosco y San Maximiliano Kolbe. Sin embargo, la conversión más espectacular fue la del poderoso banquero judío Alfonso de Ratisbona, el cual había aceptado llevar la medalla alrededor de su cuello, a pesar de no creer en ella.

"Judío he nacido y judío moriré", aseguró con firmeza a quien se la regaló.

A pesar de esa rotunda afirmación, el día que entró en la iglesia romana de San Andrés delle Frate para asistir al funeral de un amigo suyo, se sintió dominado por una gran turbación al aparecer ante él la Virgen, tal y como estaba grabada en la medalla que colgaba en su pecho. Alfonso de Ratisbona, conmovido hasta lo más profundo de su ser, pidió ser bautizado en la iglesia del Gesú y repartió su enorme fortuna entre los necesitados. Más adelante fue ordenado sacerdote jesuita, aunque dejó la Compañía, diez años después, para fundar la Congregación de Nuestra Señora de Sión en ayuda de los judíos conversos.

Catalina Labouré, la vidente de la Rue du Bac, fue beatificada por Pío XI y posteriormente canonizada por Pío XII, quien la nombró *"la santa del silencio"*, por la gran humildad de su carácter y por la admirable discreción de su vida.

Las apariciones de la Milagrosa fueron aprobadas por el Papa León XIII, después de haber coronado canónicamente una imagen de la Virgen, en la misma capilla de la Rue du Bac donde tuvieron lugar estas manifestaciones marianas.

La Salette (1846). Francia.

Alrededor de las tres de la tarde del sábado 19 de septiembre de 1846, Melania Calvat y Massimino Giraud, de 14 y 11 años de edad respectivamente, vieron un luminoso globo descendiendo del Cielo, del que surgió *"una bella Señora"* que les pidió acercarse a Ella.

Los niños, que ese día habían llevado sus rebaños a una colina cercana a la aldea de La Salette (Grenoble), se asustaron con esta visión y no dudaron en coger un bastón para defenderse de ella.

"No temáis de Mí. He venido hasta aquí para daros grandes noticias", les dijo la Aparición, hablándoles en francés, aunque al notar la dificultad que tenían en entenderla, continuó su mensaje en *'patois'*, el dialecto de aquella zona.

"Si mi pueblo no quiere someterse, me veré obligada a dejar caer sobre él, el brazo de mi Hijo".

La Virgen de la Salette, grupo escultórico erigido en la montaña donde se apareció a Melania y Maximino, para comunicarles el famoso secreto de las treinta y tres reglas, a fin de constituir la organización de apóstoles de los últimos tiempos.

La belleza de la Virgen era incomparable, con un rostro tan blanco que deslumbraba. Sobre su vestido, bordado de perlas, llevaba un delantal dorado atado a la espalda y una capa cubierta de rosas. Sus manos sujetaban los signos de la Pasión: un martillo, unas tenazas y una cadena de la que colgaba una cruz. Parecía muy triste.

Estos sencillos pastores de la Salette fueron las personas elegidas por Ella para dar a conocer al mundo una estremecedora profecía relacionada con el futuro de la humanidad y dos *"secretos"*, ya desvelados, cuyo contenido les hizo ser objeto de innumerables persecuciones. El texto de la profecía, publicado en 1879, después de que la Virgen les autorizase a hacerlo, contiene un mensaje apocalíptico, intenso, largo y concreto, del que ya se han ido cumpliendo muchos de sus vaticinios. He aquí un extracto:

"La sociedad está en vísperas de terribles calamidades y de los más grandes acontecimientos. Ha llegado el tiempo en que los prodigios más asombrosos tendrán lugar en la tierra y en el aire.

Lucifer abolirá la fe poco a poco, aun entre las personas consagradas a Dios. ¡Ay, de los príncipes de la Iglesia que se hayan dedicado a atesorar riquezas sobre riquezas! La Iglesia pasará por una gran crisis y el Santo Padre sufrirá mucho.

Los gobernantes civiles tendrán todos ellos un mismo plan, el hacer desaparecer todo principio religioso para dar lugar al materialismo, al ateísmo y a toda clase de vicios.

Se sufrirán penas físicas y morales. Las montañas y la naturaleza temblarán de espanto porque los crímenes de los hombres han traspasado la bóveda del cielo.

No se oirá más que ruido de armas y blasfemias. No se verán sino homicidios; se creerá que todo está perdido.

La naturaleza clama venganza contra los hombres. La tierra será castigada con todo género de plagas, además de la peste y del hambre que serán generales.

Habrá guerras atroces, hasta la última que la harán las diez naciones aliadas con el Anticristo, quien será el único en gobernar el mundo. Antes de que esto suceda, habrá una falsa paz y los malvados se entregarán a todo género de pecados.

Se cambiarán las estaciones; la tierra sólo producirá malos frutos. Los astros perderán sus movimientos regulares; la luna no reflejará más que una débil luz. Horribles terremotos tragarán ciudades enteras. El agua y el fuego causarán movimientos terrestres convulsivos.

¡Ay de los habitantes de la Tierra! Sobrevendrán enfermedades contagiosas, lluvias de un granizo espantoso, tempestades, sequías, el universo entero será preso del terror y caerá fuego del cielo.

Ha llegado el Tiempo. He aquí al Rey de las Tinieblas. He aquí la Bestia, llamándose a sí mismo el Salvador del mundo. San Miguel Arcángel lo hará caer y la Tierra, que durante tres días estará en continuas evoluciones, abrirá su seno lleno de fuego y la Bestia se hundirá en él para siempre, con todos los suyos.

Entonces el agua y el fuego purificarán la Tierra y todo será renovado. Dios será servido y glorificado".

Las Apariciones de La Salette fueron aprobadas por la Santa Sede el 19 de septiembre de 1851, en un documento firmado por el obispo de Grenoble en el que se decía que, dichas manifestaciones marianas, tenían fundamento seguro para acreditarlas como indudables y ciertas.

Nuestra Señora de Lourdes

Nuestra Señora de Pont-Main

Lourdes (1858). Francia.

Bernadette Soubirous, una niña de 14 años asmática y de poca salud, había comenzado a trabajar como pastora de un rebaño de ovejas cuyo propietario, un labriego acomodado, vivía en su misma aldea.

El 11 de febrero de 1858, Bernadette se encontraba en la localidad de Massabielle tratando de cruzar el río Gave por un tramo poco profundo, cuando un ruido cercano le hizo mirar hacia la gruta de donde procedía, divisando en su interior a "*una bella Señora*" vestida con una túnica blanca y ciñendo su cintura con una faja de color azul que estaba recorriendo con sus dedos las cuentas de un rosario colgado de su brazo derecho. La pastora se arrodilló ante Ella y después de sacar de su bolso su propio rosario, también comenzó a rezarlo; cuando acabaron, la visión se desvaneció repentinamente.

Tres días más tarde, una fuerza interior obligó a Bernadette a regresar a la gruta. Su madre, al verla marchar hacia aquel lugar, le aconsejó llevar consigo agua bendita ante el temor de que "*la visión*" pudiera dañarla. Bernadette, siguiendo el consejo materno llenó un frasco con el agua bendita, de la pila de la parroquia del pueblo.

Varias personas fueron con ella hasta la gruta donde comenzaron a rezar el rosario, en espera de la aparición de la "*bella Señora*" que no tardó en presentarse; al verla llegar, la niña le derramó su frasco encima, mientras Ella sonreía con dulzura uniendo sus preces a la de todos.

La Virgen de Lourdes habló por primera vez a su vidente el día 18 de febrero para prometerle hacerla feliz en el otro mundo y pedirle que regresara a la gruta quince veces más; a partir de entonces, miles de personas, comenzaron a acompañar a Bernadette en sus idas a Massabielle, con la consiguiente alarma del alcalde y de la policía local.

En su novena aparición, Nuestra Señora ordenó a la pastora que bebiera agua de una fuente inexistente y se lavara la cara en ella; al escuchar esta extraña orden, la niña se dirigió al fondo de la gruta donde escarbó con sus manos en el suelo, hasta ver surgir de él un manantial de agua fresca filtrándose gota a gota. Parecía manar muy suavemente aunque pronto su caudal fue aumentando hasta convertirse en abundante cascada. Era el 25 de febrero de 1853, una fecha importante para estas Apariciones, por ser el día en que brotó el agua milagrosa que a tantos enfermos iba a sanar.

Posteriormente, obedeciendo nuevas instrucciones de Nuestra Señora, Bernadette fue a hablar con el párroco del lugar -padre Peyramale-, a quien pidió la construcción de una capilla en el terreno de las Apariciones; el sacerdote, hombre de fuerte carácter, contestó a la niña: *"Antes, esa Señora tendría que identificarse"*.

Pasaron tres semanas más sin que la Virgen volviese a aparecer en la gruta, a pesar de que Benardette, llena de tristeza, no dejase de acudir allí ningún día.

El 25 de marzo, festividad de la Anunciación a Nuestra Señora, la vidente oyó nuevamente la voz de la Virgen, llamándola con gran insistencia; corrió presurosa hasta la gruta, seguida por un nutrido grupo de gente y al llegar a ella, la "*bella Señora*" estaba esperándola junto al manantial. Recordando las palabras del padre Peyramale y en su deseo de complacerle, Barnardette se atrevió a acercarse a la Aparición, a quien preguntó con timidez: *"Mademoiselle, ¿tienes la bondad de decirme quién eres?"*

La Virgen la miró sonriente, pero no contestó a su pregunta, hasta que la niña la repitió por tercera vez. Fue entonces cuando, tras alzar sus ojos al Cielo y unir sus manos, le dio la esperada respuesta, antes de elevarse y desaparecer: *"SOY LA INMACULADA CONCEPCIÓN"*

Estas misteriosas palabras, que ningún significado podían tener para Bernadette, impresionaron vivamente al padre Peyramale, hasta el punto de hacerle ir a hablar con sacerdotes y teólogos para iniciar un proceso eclesiástico sobre lo que sucedía, con vistas a una posible aprobación.

Cuatro años más tarde, el 18 de enero de 1862, la Comisión organizada por el obispo de Tarbes, monseñor Laurance, presentó un informe cuyo dictamen fue favorable.

"La Madre de Dios se apareció a Bernadette Soubirous el 11 de febrero y en días sucesivos, en número de dieciocho veces"

Los frutos de las Apariciones de Lourdes pronto comenzaron a hacerse patentes, en especial las milagrosas curaciones, debidas al agua del manantial, que fueron minuciosamente estudiadas por la Oficina Médica de aquella localidad (**Le bureau de constatation médicale**). En el informe que dio el Obispo de Tarbes ya se notificaba: *"En Massabielle se han sanado enfermos declarados incurables y tales curaciones se han efectuado por el empleo de un agua desprovista de toda cualidad curativa a juicio de químicos y expertos que la han sometido a rigurosos análisis. Un solo milagro claramente confirmado ya constituye una prueba irrefutable de la intervención divina".* Desde entonces, Lourdes se ha convertido en el lugar de peregrinación más famoso en la historia de la cristiandad, al que acuden anualmente más de siete millones de personas en busca de la curación del cuerpo y, sobre todo, del alma.

La capilla, solicitada por la Virgen a su vidente, es hoy en día una magnífica basílica, que fue inaugurada en el año 1866 y posteriormente visitada por nuestro actual Pontífice en 1983.

El día 8 de diciembre de 1933 -Festividad de la Inmaculada Concepción de la Virgen María-, Bernadette Soubirous subió a los altares, al ser canonizada por el Papa Pío XI.

Pontmain (1871). Francia.

La última aparición de la Virgen, aprobada por la Iglesia en el siglo XIX, tuvo lugar en la aldea de Pontmain (Main inferior), un año después de haber comenzado la guerra franco-prusiana. Las derrotas francesas se sucedían una tras otra, los ejércitos sufrían grandes bajas, París estaba asediado por los alemanes y Napoleón III había sido hecho prisionero. El Imperio se derrumbaba.

Ante esta angustiosa situación, los habitantes del pueblo de Pontmain, siguiendo el ejemplo de su Obispo, tomaron la decisión de reunirse en la Iglesia Parroquial para pedirle a la Virgen que les librara de los horrores de la guerra. Era el 16 de enero de 1871.

Al anochecer de ese mismo día, los niños Eugenio y José Barbadette, hijos de un granjero, salieron de su casa para encontrarse con varios amigos suyos, Eugenio Friteau, Juana Labosse y Augusto Avice; mientras todos ellos contemplaban los astros del cielo, que aquella noche parecían brillar con más fulgor de lo acostumbrado, la Virgen apareció en el firmamento, vestida con una túnica bordada de estrellas y cubiertos sus pies por rosas doradas; pronto, las estrellas del cielo vinieron a alinearse ante Ella y las de su túnica aumentaron su resplandor.

Los niños, asustados por las trágicas noticias de la guerra, tuvieron la inspiración de suplicar a la Virgen que concluyera la contienda, a lo que Ella contestó por medio de unas letras de oro que aparecieron escritas en el cielo.

"Mi Hijo se deja conmover. Dios os escuchará. Todos volverán salvos."

Poco después, Nuestra Señora, que sostenía entre sus manos una cruz de oro con la imagen de su Hijo grabada en ella, ascendió lentamente, hasta perderse en el infinito.

Esa misma noche, a la misma hora en que la Virgen estaba hablando a los niños, el ejército alemán detuvo su avance hacia Pontmain, obedeciendo una inesperada orden del *káiser* Guillemo I quien, siete días más tarde, firmaba la paz con Francia.

El obispo de Laval, monseñor Vicard, nombró una Comisión para el estudio de estas apariciones, que recibieron el reconocimiento eclesiástico el 2 de febrero de 1872.

"Juzgamos que la Inmaculada Virgen María ha aparecido realmente en la aldea de Pontmain y que las apariciones de Nuestra Señora en esta localidad ofrecen el carácter de un hecho sobrenatural".

El gran Santuario inaugurado en 1900, posteriormente convertido en Basílica, está dedicado a la Virgen de Pontmain también conocida como la Virgen de la Esperanza.

CAPÍTULO IV

APARICIONES DEL SIGLO XX APROBADAS POR LA IGLESIA

Fátima, Beauraing y Banneux.

Fátima (1917). Portugal.

Un año antes de de que la Virgen se apareciese en Fátima a Lucía y a sus primos Francisco y Jacinta, los tres videntes comenzaron a tener varias manifestaciones angélicas, a fin de prepararles a recibir adecuadamente las revelaciones que Nuestra Señora les iba a comunicar.

El Ángel se presentó a sí mismo como el "*Ángel de la Paz*", pidiendo a los niños, sin ninguna experiencia ni conocimiento de las cosas del espíritu, que se arrodillaran en el suelo mientras les enseñaba la siguiente oración:

"Dios mío, yo creo, adoro, espero y os amo. Os pido perdón por los que no creen, no adoran, no esperan y no aman".

Imagen de Nuestra Señora del Rosario de Fátima, que se venera en la capilla de las apariciones, en su Santuario de Portugal.

En posteriores apariciones les dio la Sagrada Comunión, rogándoles que consolaran a Dios que estaba ya tan ultrajado por los hombres; más adelante les habló de la devoción a los Corazones de Jesús y de María y, finalmente, anunció que la Virgen tenía para ellos *"designios maravillosos, si ofrecían constantes oraciones al Altísimo y consolaban a Dios"*

* * *

El 13 de mayo de 1917, Lucía, de 10 años de edad y sus primos Jacinta y Francisco, de 9 y 6, respectivamente, estaban jugando en lo alto de la cuesta de la Cova de Iría, una propiedad de los padres de Lucía, donde llevaban a apacentar a sus ovejas. De repente, vieron venir desde el Cielo un reflejo de luz que se les aproximaba. Pensando que era un relámpago, seguido de una tormenta, los pastorcitos comenzaron a recoger su rebaño cuando una Señora, vestida de blanco, surgió encima de una pequeña encina y les comenzó a hablar.

"No tengáis miedo de Mí. Yo no os haré daño".

"¿De dónde es usted?", preguntó Lucía.

"Yo soy del Cielo".

"Y... ¿qué quiere usted de nosotros?"

"Vengo a pediros que volváis aquí seis veces más; durante seis meses seguidos, el día 13 de cada mes y a esta misma hora. Más adelante os diré quién soy y lo que quiero de vosotros. Y todavía volveré una séptima vez".

La Señora extendió sus brazos esparciéndose de ellos una luz tan intensa que penetró a los niños hasta lo más profundo de su alma. Aturdidos, cayeron de rodillas, mientras la oían decir:

"Rezad el Rosario todos los días, para que se alcance la paz en el mundo y el final de la guerra" (1914-1918).

Después, comenzó a elevarse en dirección Este, hasta desaparecer en el firmamento. El propio Cielo, iba abriéndole camino para que pudiera pasar.

En la **segunda aparición**, el 13 de junio, algunas personas acompañaron a los pastores hasta la Cova de Iría, para rezar con ellos el Santo Rosario. Nuevamente el reflejo de luz fue visto en el firmamento y la Señora volvió a manifestarse encima de la encina. Lucía le pidió que la llevase con ella.

"A Jacinta y a Francisco les llevaré pronto pero tú te quedarás aquí algún tiempo más. Jesús quiere servirse de ti para hacerme conocer y amar. Él quiere establecer en el mundo la devoción a mi Inmaculado Corazón. Pero no tengas miedo; mi Corazón será el refugio y el camino que te conducirá hasta Dios".

Al igual que ya hizo en su primera manifestación, Nuestra Señora extendió sus brazos y esta vez la luz que surgió de ellos, mostró a los niños un Corazón rodeado de espinas.

En la **tercera aparición**, sucedida el 13 de julio, una gran muchedumbre esperaba a los videntes en la Cova de Iría; la Virgen se presentó de nuevo precedida por una intensa luz, pidiendo que se continuara rezando el Rosario para conseguir el rápido final de la Primera Guerra Mundial. Les confió *"un secreto"* que no deberían revelar hasta que Ella les autorizase a hacerlo y les prometió obrar *"un gran mila-*

gro" el día 13 de octubre, a fin de que los incrédulos creyeran en la realidad de estas manifestaciones suyas.

Más tarde, la luz que brotó de sus manos atravesó la tierra, mostrando a los niños un extenso mar de fuego en el que los demonios, sumergidos en él, flotaban sin aparentar tener peso ni equilibrio.

"Acabáis de contemplar el Infierno donde van las almas de los pobres pecadores. Para salvarlos, Dios quiere establecer en el mundo la devoción a mi Corazón Inmaculado".

Una vez explicado el significado de esta visión, Nuestra Señora dio su primer **mensaje de aviso**, advirtiendo las calamidades que podrían suceder en el mundo, si la humanidad no cambiaba su proceder:

"Cuando veáis una noche alumbrada por una luz desconocida, sabed que es la señal que Dios dará a los hombres porque se acerca el castigo a la humanidad. A fin de impedirlo ***Yo prometo volver más adelante****, para pedir al Santo Padre la consagración de Rusia a mi Inmaculado Corazón y la Comunión reparadora de los cinco primeros sábados de mes. Si se atienden mis deseos, Rusia se convertirá y habrá paz. Si no, se esparcirán sus errores por el mundo promoviendo guerras y persecuciones contra la Iglesia. Los buenos serán martirizados, el Santo Padre tendrá que sufrir y varias naciones serán aniquiladas".*

El mensaje, sin embargo, acabó con unas palabras de esperanza:

"Al final, mi Inmaculado Corazón triunfará".

Dos días antes de la fecha prevista para la **cuarta aparición**, los niños fueron conducidos, por medio de engaños, a la cárcel del pueblo de Vila Nova de Ourém, con la intención de evitar su presencia en la Cova de Iría el 13 de agosto. Las autoridades del lugar los encerraron en un calabozo, junto con varios delincuentes comunes, amenazándoles con ser *"achicharrados vivos en calderas de aceite hirviendo"*, si seguían obstinándose en no querer revelar *"el secreto"* confiado a ellos por la Santísima Virgen. Después de interrogatorios agotadores, que no logran hacerles hablar, fueron devueltos a sus casas, dos días más tarde de la fecha en que tenía que haber sucedido la esperada aparición del mes de agosto.

A pesar de todos estos contratiempos, Nuestra Señora se les manifestó, ese mismo día 15, al salir de la prisión, aunque la propia Lucía no fue capaz de confirmar plenamente la fecha, cuando escribió este hecho en sus Memorias:

"Creo que la cuarta aparición sucedió el 15 de agosto, al atardecer, pero puedo estar equivocada porque entonces no sabía contar los días del mes".

En aquella ocasión, la Virgen se presentó en el terreno de los Valiños, cercano a la aldea donde Lucía vivía. La niña, que se encontraba sola, jugando con Francisco y con su primo Juan, al ver acercarse el reflejo de luz de Nuestra Señora, pidió a Juan ir en busca de Jacinta. Cuando la Virgen se manifestó, ya estaban reunidos los tres pastorcitos escuchando, atentos, todas sus palabras:

"La guerra mundial va a finalizar, aunque si no se deja de ofender a Dios, comenzará otra que será mucho peor. Rezad por los pecadores; muchas almas van al infierno por no haber quien se sacrifique y pida por ellas".

Antes de despedirse, Nuestra Señora, les recordó que deberían volver a Cova de Iría en las fechas señaladas de

septiembre y de octubre, anunciando de nuevo, que en este último mes obraría *"un gran milagro"*.

En su **quinta aparición**, el 15 de septiembre, la Virgen volvió a recordar que el próximo mes sería el elegido para hacer *"el gran milagro"* a fin de que los incrédulos creyeran en Ella; no resulta, por tanto, sorprendente que a medida en que se iba aproximando el 13 de octubre, más de 70.000 personas comenzaran a llegar a Fátima desde los más remotos lugares de Portugal, en espera del prodigio.

Esa mañana los pastores salieron de sus casas muy temprano, en medio de una lluvia torrencial, encontrando gente a su paso, arrodillada por los caminos. Al llegar a la Cova de Iría, donde una gran muchedumbre se aglomeraba, Lucía pidió que se cerraran los paraguas antes de comenzar el rezo del Santo Rosario; a pesar del diluvio que caía con fuerza, nadie resultó mojado por el agua.

La Virgen apareció en la encina precedida por su resplandor de luz, identificándose a sí misma como había prometido hacer en su primera manifestación:

"Soy la Virgen del Rosario".

Pidió a sus videntes que se construyese una capilla en aquel mismo lugar y se despidió de ellos con esta palabras:

"No ofendáis más a Dios, que ya está muy ofendido".

Extendió sus brazos y empezó a elevarse, mientras la luz que brotaba de sus manos se reflejaba en el sol. Fue entonces cuando el milagro anunciado por Ella comenzó a cumplirse de un modo sorprendente y extraordinario. El astro solar se elevó a lo más alto del firmamento, semejante a un gigantesco disco de plata en el que todos podían fijar sus ojos sin quedar dañados por el resplandor. Giró sobre su propio eje, proyectando destellos de diferentes colores; se desprendió desde el Cielo, igual que si fuese una enorme bola de fuego que se precipita sobre la tierra; frenó bruscamente su vertiginosa caída y de nuevo se remontó en el firmamento, con la misma rapidez con la que había descendido.

Este espectacular prodigio, llamado desde entonces *"la danza del sol"*, viene repitiéndose, actualmente, en numerosas apariciones marianas, como si, por medio de él, Nuestra Señora quisiera garantizar la autenticidad de las mismas.

Aquel mismo día, los tres videntes, además de contemplar *"la danza del sol"*, fueron testigos de otras portentosas manifestaciones que también Lucía relata en sus Memorias:

"Al lado del sol se encontraba San José con el Niño y la Santísima Virgen que vestía una túnica blanca y un manto azul. San José y el Niño bendecían al mundo con sus manos haciendo la forma de la cruz. Cuando esta visión se desva-

neció, volvió a aparecer Nuestra Señora, esta vez al lado del Señor".

La vidente, narra asimismo una séptima aparición que tuvo de Nuestra Señora cuando, el 26 de agosto de 1923, se encontraba en el Asilo de Villar.

"Ocurrió a mi entrada en la Institución; el día que me hicieron Hija de María. Nuestra Señora vino a decirme que, a partir de entonces, Ella sería mi verdadera Madre del Cielo, por haber dejado yo la Tierra por su amor. También me recordó que debería seguir rezando por los pecadores, porque nadie se sacrificaba ni pedía por ellos".

* * *

Las apariciones de Fátima fueron aprobadas el 13 de octubre de 1930 por el Obispo de Leiría, monseñor Da Silva, mediante su carta Pastoral **"Divina Providencia"**:

"Habiendo sido encargado por la Santa Iglesia del Obispado de Leiría y compitiéndonos como Obispo dirigir a los fieles que nos fueron confiados, siguiendo el ejemplo de Venerables Prelados en casos semejantes, después de haber estudiado atentamente durante 10 años los acontecimientos, damos nuestra sentencia de aprobación, declarando desde ahora que sometemos humildemente a la Santa Sede nuestro juicio".

El Obispo de Leiría, don José Alves Correia da Silva está enterrado en el Santuario de Fátima, donde puede leerse en la inscripción de su tumba, *"el Obispo de Nuestra Señora"*.

Apariciones de la Virgen
en Pontevedra

La visión de Tuy

En junio de 1929, estando Lucía de novicia en la capilla de Tuy, tiene una comunicación, en que la Virgen cumple sus palabras del 13 de julio de 1917: "Vendré a pedir la consagración de Rusia a mi Inmaculado Corazón"

Lucía en España. -Apariciones gallegas-

Una vez finalizadas las apariciones de Fátima, el 13 de octubre de 1917 y después de los prematuros fallecimientos de Francisco y Jacinta en 1919 y 1920, Lucía, de 14 años de edad, fue enviada al colegio de las Hermanas Doroteas, en Oporto, por decisión de monseñor José Alvés Correira da Silva, Obispo de Leiría.

La vidente pronto comenzó a sentir una fuerte vocación religiosa, que si en un principio la hizo considerar su ingreso en el Carmelo, el cariño tan grande que sentía por las Hermanas Doroteas la retuvo entre ellas.

Este fue el motivo que la trajo a España el día 25 de octubre de 1925, con el propósito de iniciar su postulado en el noviciado que la Orden tenía en Pontevedra, de donde ya no se desplazaría hasta su definitivo regreso a Portugal en 1946, veintiún años más tarde.

La prolongada estancia de Lucía en nuestro país resultó de gran importancia en su vida, siempre tan marcada por experiencias espirituales, que continuaron produciéndose en su nuevo convento, como si fueran la prolongación de lo sucedido en Fátima.

En el transcurso de estos años en España, la vidente escribió el relato de sus vivencias, divididas en cuatro libros de Memorias, que redactó de modo espontáneo y preciso. Ayudada por sus prodigiosos recuerdos, describió con claridad todo cuanto le ocurrió, dando muestras en todo momento de poseer sentimientos de gran profundidad espiritual.

En la tercera parte de estas Memorias, la más importante de todas ellas, Lucía expone la necesidad de dar a conocer las dos primeras partes del *"Secreto"* que la Virgen le confió en Fátima, y con este propósito envía un escrito al obispo de Leiría comunicándoselo.

"El 'Secreto' consta de tres partes distintas, dos de las cuales voy a revelar ahora".

De este modo, la vidente daba a entender que existía una tercera parte del *"Secreto"*, imposible de ser desvelada en aquel momento.

La primera parte que Lucía revela, cuenta la visión que ellos tuvieron sobre la existencia del Infierno, que tanto les impresionó, especialmente a Jacinta. También relata que Dios quiere establecer en el mundo la devoción al Inmaculado Corazón de María "*como remedio a la humanidad para la salvación de las almas*".

En relación a la segunda parte del *"Secreto"*, Lucía describe los anuncios de guerras, persecuciones religiosas, hambre, plagas y castigos, que están siempre condicionados al proceder de los hombres. Sin embargo, nada cuenta sobre la tercera parte del Secreto, limitándose a decir cada vez que era presionada para desvelarlo: "*No tengo permiso todavía*".

Fue también durante estos años, cuando Nuestra Señora se aparece de nuevo para cumplir la promesa que hizo a su vidente en Fátima, el día 13 de julio de 1917, cuando le dijo: *"Yo prometo volver más adelante para pedir al Santo Padre la consagración de Rusia y la Comunión Reparadora de los primeros sábados de mes".*

En efecto, el auténtico valor de estas **apariciones gallegas** lo constituye el hecho de que fuese España el país elegido por la Virgen para realizar el cumplimiento de esta promesa en el transcurso de dos Apariciones de enorme importancia. La primera de ellas sucedió el 10 de diciembre de 1925, cuando Lucía estaba en la celda de su convento de Pontevedra. En sus Memorias, la vidente lo explica de este modo:

"Apareció la Virgen de Fátima, y a su lado, suspendido en una nube, estaba el Niño Jesús. La Virgen mostraba en su mano un Corazón rodeado de espinas mientras me decía: 'Mira, hija mía, mi Corazón cercado por espinas que los hombres ingratos me clavan. Tú, al menos, procura consolarme. Di a todos aquellos que durante cinco meses se confiesen y comulguen el primer sábado de mes, recen la tercera parte del Rosario y me hagan quince minutos de compañía, con el fin de desagraviarme, que Yo ***prometo asistirles en la hora de la muerte'****."*

Después de escuchar esta **gran promesa** del Corazón Inmaculado de la Virgen María, Lucía relató a su confesor, padre Lino García, y a la Superiora de su Convento, madre Magalhes, todo lo que acababa de suceder. A su vez, ambos religiosos se lo comunicaron al Obispo de Leiría quien les expuso las grandes dificultades que existían para poner en práctica esta nueva devoción.

Unos días más tarde, Lucía encontró a un niño esperándola en el jardín del Convento, al que recomendó acercarse a la iglesia de Santa María para pedir a la Virgen que le dejase sostener un ratito a su Hijo entre sus brazos. El 15 de febrero de 1926, Lucía y el niño volvieron a encontrarse en el mismo lugar.

"¿Has pedido a la Madre del Cielo que te deje a su Hijo?", le preguntó la vidente.

"Y tú..., ¿has propagado ya por el mundo la devoción de los primeros sábados, que la Madre del Cielo te pidió?"

En aquel instante, se volvió resplandeciente y Lucía, comprendiendo que era el Niño Jesús quien así le hablaba, le confió las dificultades que existían, para poder llevar a cabo el deseo de su Madre; Él la tranquilizó dulcemente.

"No temas, con mi ayuda lo conseguirás".

El 16 de julio de 1926, la vidente se trasladó al Noviciado que las Hermanas Doroteas tenían en Tuy, donde hizo sus votos simples el día 3 de octubre de 1928; en este lugar la Virgen volvió a visitarla nuevamente con el fin de cumplir la segunda parte de la promesa hecha en Fátima al decirle que volvería para pedir la consagración de Rusia.

Sucedió el 13 de junio de 1929, mientras Lucía estaba rezando la Hora Santa en el oratorio privado de su Noviciado. En sus memorias ella lo relata así:

"De repente se iluminó toda la capilla con una luz sobrenatural, y sobre el altar apareció una cruz que llegaba hasta el techo. En la parte superior se veía el busto de un hombre con una paloma sobre su pecho. Clavado en la cruz estaba el cuerpo de otro hombre. Suspenso en el aire había un cáliz y una Hostia grande, sobre la que caían gotas de sangre. La sangre venía de la cara del Crucificado y de una herida que tenía en el pecho. Algunas de estas gotas caían dentro del cáliz. Debajo del brazo derecho de la cruz estaba la Virgen de Fátima, con su Inmaculado Corazón en su mano izquierda. No tenía espadas ni rosas, sino una corona de espinas y de llamas. Unas letras grandes, como si fueran de agua cristalina que corriese por encima del altar, formaban estas palabras : ***Gracia y Misericordia***.

Comprendí que me era mostrado el Misterio de la Santísima Trinidad y recibí sobre él luces que no me es permitido revelar. Nuestra Señora fue la única que habló:

'Ha llegado ya el momento*, en que Dios pide al Santo Padre hacer la consagración de Rusia a mi Inmaculado Corazón, en unión de todos los Obispos del mundo, prometiendo salvarle por este medio. Si se atienden mis ruegos, Rusia se salvará; si no, habrá grandes guerras en el mundo y muchas naciones serán aniquiladas".*

Con esta segunda Aparición Gallega, la Virgen de Fátima acabó de cumplir la promesa dada.

Lucía hizo sus votos perpetuos en el Noviciado de Tuy el día 3 de octubre de 1934, quedándose en Galicia hasta 1946, año en que regresó, de forma definitiva, a su país natal. Es destinada a la Casa Sardao, cerca de Oporto, donde descubre que su inicial vocación contemplativa renace con fuerza dentro de ella. Movida por este profundo sentimiento, solicita entrar en el Carmelo, deseo que le fue concedido por el Papa Pío XII, ingresando en dicha Orden el 25 de marzo de 1948, donde cambió su nombre de Lucía de Jesús por el de Lucía del Corazón Inmaculado.

Actualmente, la vidente de Fátima, nacida el 22 de marzo de 1907 en la localidad de Aljustrel, se encuentra en Coimbra, Portugal, en el Convento de las Carmelitas Descalzas.

Tercer secreto de Fátima

Aunque en la redacción de sus cuatro Memorias, Lucía había descrito con minuciosidad todas las circunstancias de las apariciones de Fátima, cuidó en todo momento, no revelar el Tercer Secreto confiado a ella por la Santísima Virgen. Esta omisión preocupaba al canónigo Galamba, consejero del Obispo de Leiría, a quien reiteradamente pedía que el mensaje fuese escrito para evitar su desaparición.

También monseñor Da Silva juzgaba necesaria la redacción de un documento privado con el contenido de dicho mensaje y, por ello, la grave enfermedad de la vidente en 1943, motivó su precipitado viaje a España, ante el temor de que pudiera morir y el "*Secreto*" desapareciera con ella. Sin embargo Lucía, después de ser operada en la clínica Marescot de Pontevedra, no se decidió a redactar el mensaje de Nuestra Señora, a pesar de la entrevista que sostuvo con su obispo, hasta que la Virgen, en una nueva Aparición, le autorizó a hacerlo, prometiéndole darle las fuerzas necesarias "*para llevar a cabo tan delicada misión*".

Una vez redactado el documento, la vidente lo introdujo en un sobre lacrado que entregó personalmente al Obispo de Gurza quien, a su vez, lo hizo llegar al Obispo de Leiría,

El 13 de Mayo de 1917 tuvo lugar en Fátima la primera aparición de la Virgen María a tres pastorcitos llamados Lucía, Francisco y Jacinta.

Nuestra Señora de Beauring

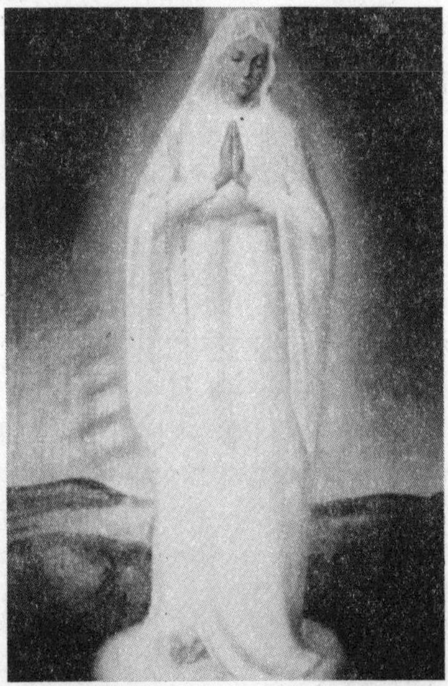

Nuestra Señora de Banneux

el 17 de junio de 1944, con el ruego de hacerlo público en 1960, para así cumplir con los deseos de Nuestra Señora.

El Santo Oficio reclamó el documento en 1957 a través de la Nunciatura Apostólica de Lisboa, y cuando el sobre lacrado llegó al Vaticano, Su Santidad Pío XII mostró gran interés en conservarlo. Sor Pascualina Lehnert, ama de llaves de las dependencias papales y persona de la máxima confianza del Pontífice, comentó, años más tarde, haber visto a Su Santidad recibir el documento y *"guardarlo celosamente"*. Nunca se sabrá si Pío XII hubiese desvelado el Secreto en el año 1960 o no, porque murió el día 9 de septiembre de 1958 y, por tanto, no tuvo oportunidad de hacerlo.

Fue su sucesor, Juan XXIII, el primer Pontífice que abrió el sobre *"oficialmente"* y que leyó su contenido, quedando tan impresionado con la lectura del texto que solicitó la opinión de su confesor personal y del Cardenal Ottaviani; lo que ellos decidieron se reflejó en un inesperado comunicado del Vaticano, en el que se decía que el Secreto de Fátima no sería revelado. El propio Juan XXIII, en una nota escrita de su puño y letra, que él mismo incluyó en el sobre antes de volver a cerrarlo, aseguró que prefería que fuese su sucesor quien se pronunciara sobre este Secreto.

"Yo no quiero ser profeta de calamidades".

El siguiente Papa, Cardenal Montini, ascendido al Solio Pontificio con el nombre de Pablo VI, el 21 de junio de 1963, tampoco juzgó oportuno divulgar el Secreto de Fátima, emitiendo otro comunicado a través del cardenal Ottaviani, en el que ratificaba la decisión de su predecesor. No obstante, Pablo VI debió de sentirse muy alarmado con el contenido del mensaje, al hacer llegar un extracto del mismo al Presidente de los Estados Unidos, John Fitzgeral Kennedy, al

Primer Ministro de Gran Bretaña, Harold McMillan y al Jefe de Gobierno de la Unión Soviética, Nikita Kruschef. Poco tiempo después, los dirigentes de estas tres potencias firmaron un acuerdo entre sí, por el que se comprometían a detener los experimentos de armas atómicas. La grave decisión tomada hizo pensar que el Tercer Secreto se refería a la amenaza de una nueva guerra mundial.

El sucesor de Pablo VI, cardenal Luciani, que había peregrinado a la Cova de Iría en 1977 cuando aún era Patriarca de Venecia, quedó profundamente afectado con la conversación que sostuvo con la vidente. Por ello, cuando ascendió al Papado con el nombre de Juan Pablo I, no disimuló su intención de desvelar el Secreto, aunque su muerte prematura e inesperada, treinta y tres días más tarde, le impidió realizar este deseo.

Nuestro actual Pontífice, Juan Pablo II, ha sido, sin duda, quien más se ha extendido sobre el Secreto de Fátima, a pesar de no existir indicios, por el momento, de querer hacer público el documento. El Papa nunca ha soslayado las preguntas que se le hacen sobre el mismo y así, al visitar en Alemania el Seminario de Fulda y ser cuestionado por la razón de este prolongado silencio, no dudó en contestar a los seminaristas: *"Por su contenido que es estremecedor"*. Luego, señalando el rosario que tenía entre sus manos, añadió al tiempo que lo mostraba: *"Éste es el único remedio que existe contra el mal del que nos habla el Tercer Secreto de Fátima"*.

Uno de los religiosos más documentados en todo lo referente a Fátima, acaba de echar por tierra las interpretaciones tradicionales sobre el contenido del célebre documento. Se trata del Hermano Michel de la Sainte Trinité, quien parte de los siguientes razonamientos:

1º. El Secreto no puede referirse a una tercera Guerra Mundial porque los anuncios de guerras van incluidos en el Segundo Secreto, ya desvelado.

2º. Se llega a la conclusión de que este Tercer Secreto avisa de un castigo, no de orden físico sino espiritual, cuyas consecuencias funestas serían, aún, de mayor gravedad para las almas.

De esta misma opinión es el actual Obispo de Leiría, don Alberto Cosme Amaral, al declarar que el querer identificar el mensaje de Fátima con un holocausto nuclear, sería deformar las palabras de la Virgen... También el Prefecto de la Congregación para la Doctrina de la Fe, Cardenal Joseph Ratzinger está en la misma línea, al tiempo que critica la actual crisis religiosa en el mundo cristiano, relacionada, según opiniones autorizadas, con la Apostasía General del Final de los Tiempos. La propia hermana Lucía, contesta invariablemente a quienes le preguntan por el contenido del Tercer Secreto:

"Lo encontraréis en los Evangelios. Sólo tenéis que leerlo".

Fátima y los países del Este europeo

La Apariciones de Fátima habían comenzado el 13 de mayo de 1917, mientras Europa estaba siendo asolada por la Primera Guerra Mundial. Como ya hemos visto, Nuestra Señora vino a pedir oraciones para llegar a un rápido final de la contienda y, poco tiempo después de concluir las Apariciones, los alemanes firmaron un armisticio con los aliados, que supuso el fin de la conflagración bélica y el inicio de las conversaciones que concluyeron con el Tratado de Versalles.

Sin embargo, la Virgen de Fátima no había venido, tan sólo, para acelerar el final de la guerra; también lo hizo con el propósito de advertir al mundo sobre un nuevo peligro que acechaba y ofrecer los medios necesarios, para poder atajarlo. Esta preocupación suya quedó reflejada en el mensaje dado a Lucía el 13 de julio de 1917: *"Prometo volver* ***más adelante*** *para pedir al Papa la consagración de Rusia. Si se atienden mis ruegos habrá paz en el mundo. Si no me complacéis, los errores del ateísmo se esparcirán, habrá guerras y muchas naciones serán aniquiladas".*

Las palabras de la Virgen resultaron proféticas; confirmando su advertencia, el 23 de octubre de 1917, diez días después de finalizadas las Apariciones, se produjo en Rusia el estallido de la Revolución de Octubre, que provocó la caída del Gobierno presidido por Alexander Kerenski y el ascenso de Lenin al poder al frente del movimiento bolchevique, instaurándose de este modo el régimen comunista soviético.

Transcurrieron doce años más, antes de que Nuestra Señora volviera a aparecer ante Lucía, quien durante todo este tiempo se encontraba en España, en un Convento gallego. Ya se ha dejado dicho que el cumplimiento de la promesa (*"volveré* ***más adelante*** *para pedir al Papa la consagración de Rusia"*), sucedió el 13 de julio de 1929, en el oratorio de las Hermanas Doroteas, en Tuy: ***"Ha llegado ya el momento*** *en que Dios pide al Santo Padre, que en unión de todos los Obispos Católicos, haga la Consagración de Rusia, prometiendo salvarla por este medio. Si no se atienden mis súplicas habrá otra guerra y muchas naciones serán aniquiladas".*

A pesar de esta seria advertencia, su petición tardó muchos años en ser debidamente atendida por los Papas que se sucedieron. Pío XII fue el primero de todos ellos que consagró el mundo a la Virgen, con especial mención a Rusia, aunque omitiendo el hecho de que todos los Obispos Católicos del mundo entero se unieran a la Consagración. Tampoco la efectuada por Pablo VI en 1965, reunía las condiciones requeridas; ni la de Juan Pablo II en 1982, cuando peregrinó a Fátima.

El hecho de que las consagraciones no fuesen aceptadas como válidas por la vidente Lucía, no desvirtúa la profunda devoción que estos tres Pontífices sentían hacia la Virgen de Fátima, demostrada, sin lugar a dudas, a lo largo de sus vidas.

Pío XII, consagrado Obispo el mismo día en que se iniciaron las Apariciones portuguesas (13 de mayo de 1917), había presenciado el milagro de la *"Danza del Sol"* en cuatro diferentes ocasiones mientras paseaba por los jardines del Vaticano. Pablo VI, peregrinó a Cova de Iría con motivo del quincuagésimo aniversario de las Apariciones de Fátima, haciendo llegar una rosa de oro a la Virgen al clausurarse el Concilio Vaticano II. Finalmente, S.S. Juan Pablo II, con el pleno convencimiento de haber sido salvado por la Virgen de Fátima en el atentado sufrido en la plaza de San Pedro de Roma en 1981, había estudiado detenidamente toda la documentación existente sobre las apariciones, durante los largos meses que duró su convalecencia. Al salir del hospital, mandó llevar una imagen de la Virgen a sus habitaciones particulares de Castelgandolfo y, más adelante, hizo construir una capilla en Polonia,emplazada en la misma frontera de su país natal con la URSS, donde de acuerdo con sus instrucciones, otra imagen de la Virgen de Fátima fue colocada mirando a Rusia. Dando una prueba más de su devoción mariana, Juan Pablo II peregrinó a Fátima, en el primer aniversario de su atentado, con el fin de agradecer públicamente a Nuestra Señora el haberle preservado la vida.

* * *

El fallido asesinato de Juan Pablo II, el día 13 de mayo de 1982, puso en marcha la hipótesis de un complot internacional, en el que los servicios secretos búlgaros y el KGB soviético, trazaron un plan para eliminar al hombre que ofrecía su apoyo moral a los pueblos oprimidos por la dictadura comunista. Un año después, en su visita a Fátima, las palabras pronunciadas por el Papa -*"una mano disparó y otra guió la bala"*- dejaron muy claro su profundo convencimiento de la intervención de Nuestra Señora; no resultó sorprendente, por tanto, que el Pontífice mandase engarzar, en la corona de la Virgen de Fátima, la bala que el terrorista Ali Agca, disparó contra él en aquel atentado.

Este agradecimiento de nuestro Papa hacia la Virgen de Fátima, le llevó a realizar una nueva consagración de Rusia, que ya sería definitiva, el día 25 de marzo de 1984 en la plaza de San Pedro de Roma, ante la imagen de la Virgen de Fátima llevada al Vaticano con este fin. Previamente se había avisado a todos los Obispos católicos del mundo a fin de que se unieran a ella.

Con todo, por indicación de sus consejeros y ante el temor de que la Consagración fuese considerada como una provocación por los dirigentes soviéticos, el Papa omitió en su discurso la directa alusión a Rusia, aunque hizo hincapié en recordar especialmente *"a todas aquellas naciones más necesitadas de esta Consagración"*.

Considerando que la actual Unión Soviética ya no era la misma que en 1917 (año en que sucedió la Aparición), y que los errores del ateísmo también fueron difundidos por los países satélites, Lucía dio por válida la consagración.

A partir de aquel momento los acontecimientos comenzaron a precipitarse en los países del Este de Europa. El dirigente soviético Andropov es sucedido por Mijail Gorbachov en 1985, el cual, al concebir la nueva política de la *"perestroika"* inició unos cambios tan profundos como inesperados.

Con ritmo vertiginoso fueron cayendo por tierra los laboriosos acuerdos tomados durante la conferencia de Yalta, al finalizar en 1945 la Segunda Guerra Mundial, donde Rooselvelt, Churchill y Stalin, además de acordar los detalles de la rendición de Alemania, hicieron un reparto de los territorios de influencia.

La caída del muro de Berlín, la unión de las dos Alemanias y la desaparición del comunismo en la Unión Soviética, constituyen un conjunto de sorprendentes acontecimientos que han conmovido al mundo entero.

¿Son estos cambios repentinos la consecuencia del cumplimiento de la promesa de la Virgen formulada en Fátima?

De esta opinión es el escritor de *"Le Figaro"*, André Frossard, después de que Juan Pablo II le confiase su certeza sobre la intervención de María. De igual manera piensa el Cardenal checoslovaco monseñor Hnilika, amigo personal del Papa, quien recuerda haber oído comentar a Su Santidad en diversas ocasiones: *"La única solución para salvar al mundo de los peligros del ateísmo es la conversión de Rusia, según el mensaje de Fátima".*

Parece, realmente, significativo el hecho de que todos los cambios de los países del Este de Europa hayan comenzado a suceder durante el pontificado de un Papa venido del Este, el cual, al conocer la situación real de estos pueblos y ser consciente de que las teorías marxistas son el mayor peligro del cristianismo, comprendió, mejor que nadie, el mensaje de la Virgen advirtiendo la amenaza.

La fe en Fátima de Juan Pablo II volvió a quedar patente el día de la no menos sorprendente visita del Presidente de la URSS al Vaticano, cuando, antes de recibirle, se dirigió a su oratorio privado para repetir delante de la imagen de la Virgen, las palabras de esperanza pronunciadas por Ella en Fátima: *"Al fin Rusia se convertirá"*.

Tampoco dudó, más tarde, al afirmar a su ilustre visitante: *"Ni usted ni yo somos quienes hemos preparado la reunión de hoy; todo fue dispuesto por la Divina Providencia"*.

Beauraing (1932). Bélgica.

En la localidad de Beauraing, al sur de Bruselas, la Virgen se apareció a cinco niños, de edades comprendidas entre los nueve y los catorce años, mientras estaban jugando en el jardín de su colegio, para decirles que era la Inmaculada Concepción y pedirles la construcción de un templo.

Después del día de Navidad de 1932, los niños la ven llegar sobre una nube del Cielo mostrando su Corazón dorado, al tiempo que les recuerda la importancia de la Oración.

La última Aparición de la Virgen de Beauraing sucedió el 3 de enero de 1933, ante más de 30.000 personas rodeando a los videntes, postrados en profundo trance. Al llegar al tercer misterio del rezo del Rosario, la Virgen habló con cada uno de ellos personalmente, para decirles que ya no la volverían a ver. Antes de despedirse, alzó sus brazos al Cielo y su Corazón de oro quedó visible por última vez.

El Obispo de Namours aprobó estas Apariciones el 2 de junio de 1949, en una pastoral que decía:

"Podemos afirmar, con toda seguridad y prudencia, que la Reina de los Cielos se apareció a los niños de Beauraing para mostrar en su materno Corazón la angustiosa llamada a la Oración y a la Penitencia, prometiendo su poderosa mediación para la conversión de los pecadores".

Un Santuario nacional, visitado en 1985 por nuestro actual Vicario, Juan Pablo II, fue construido en el lugar de las Apariciones, reuniéndose en él durante todo el año, peregrinos llegados del mundo entero.

Banneux (1933). Bélgica.

Doce días después de finalizar las Apariciones de la Virgen en Beauraing, comenzaron unas nuevas manifestaciones marianas en la cercana localidad de Banneux, siendo la vidente Marietta Baco, una niña de 12 años de edad, que vivía con sus padres y con sus numerosos hermanos en una casa de las afueras del pueblo.

El 15 de enero de 1933, Marietta, estando asomada a la ventana de su habitación vio a *"una hermosa Señora"* vestida de blanco y con rosas doradas adornando sus pies, paseando por el jardín. Muy sorprendida, llamó a su madre, quien también pudo contemplar la misma visión.

Tres días más tarde, al regresar del colegio, la niña encontró a la Señora, esperándola a la entrada de su casa, con el fin de pedirle que la siguiera hasta un manantial cercano y metiera sus manos dentro del agua. La vidente, rodeada ya por un grupo de gente y aconsejada por varios sacerdotes, comienza a rezar diariamente el Rosario cerca de este manantial, donde la Señora se le siguió manifestando por seis veces más, antes de despedirse de ella, diciéndole quién era: *"Soy la Virgen de los Pobres. Esta agua está reservada para el alivio de enfermos".*

Más de 2.000 curaciones y numerosas conversiones vinieron a confirmar los mensajes de Banneux, los cuales podrían resumirse en las habituales peticiones de la Virgen María en este tipo de manifestaciones: el rezo del Santo Rosario, confiar en Ella, vivir una vida evangélica, amar a nuestro prójimo y construir una capilla en el lugar donde apareció.

Las Apariciones fueron aprobadas, oficialmente, por el obispo de Lieja en el año 1942, al acreditar que *"la Santísima Virgen se apareció y habló realmente en la localidad de Banneux a la vidente Marietta Baco".*

La imagen de Nuestra Señora, bajo la advocación de la Virgen de los Pobres, fue coronada en 1954, por monseñor Kerkhops. Posteriormente, se edificó una enorme Basílica en el lugar elegido por la Virgen, con capacidad para cobijar a 5.000 peregrinos, que fue visitada por nuestro actual Pontífice en el año 1985.

CAPÍTULO V

APARICIONES DEL SIGLO XX, EN ESPAÑA, EN VÍAS DE ESTUDIO

Ezquioga, Umbe, La Codosera, Garabandal, Can Cerdá, El Escorial, Pedrera y Gibraleón.

Existe una larga lista de Apariciones marianas que, aunque estén en espera del reconocimiento eclesiástico, no sería justo silenciar, tanto por los frutos que de ellas derivan, como por el interés que despiertan.

Al mencionarlas ahora, no se pretende querer anticipar la resolución que la Iglesia dará en su día.

Ezquioga (1931). Guipúzcoa.

En el pueblo guipuzcoano de Ezquioga comenzaron unas Manifestaciones marianas en el año 1931, que en un principio fueron contempladas tan sólo por niños, aunqué más adelante, veinticinco adultos aseguraron haber visto también a la Virgen María.

La Virgen de Ezquioga, que se manifestó para intentar evitar la guerra civil española.

Las autoridades eclesiásticas, al igual que las civiles, reaccionaron con una violencia inusitada ante tales aseveraciones, llegando a enviar a hospitales psiquiátricos a todos los presuntos videntes. A pesar de estas severas medidas, Nuestra Señora, bajo la advocación de la Virgen Dolorosa, siguió siendo contemplada por nuevos visionarios, quienes, al igual que los anteriores, fueron perseguidos con saña. La profecía más importante de las manifestaciones de Ezquioga fue dada por una niña, Benita Aguirre, cuando anunció, con cuatro años de anticipación, que en España estallaría una guerra civil. El vaticinio se cumplió en 1936, desgraciadamente.

Unica imagen que existe de la Virgen de España, vestida con los colores nacionales, manto rojo y túnica amarilla.

Umbe (1941). Vizcaya.

La vidente de estas Apariciones Marianas, Felisa Sistiaga Orozco, era una campesina vasca, nacida en Plencia, casada con Bonifacio Arrieta, el guardabosque de una finca perteneciente a la Caja de Ahorros de Vizcaya. El matrimonio vivía en Monte Umbe, en dicha propiedad, acompañado de dos de sus hijas, Felisa e Inés, quienes presenciaron los hechos prodigiosos que sucedieron allí, a partir del 25 de mayo de 1941, fecha de la primera Aparición de Nuestra Señora.

Ese día, Felisa se encontraba sola en la casa cuando descendió del Cielo una figura difusa envuelta en un gran resplandor. Después escuchó unos golpes en la puerta de la vivienda, aunque al ir a abrirla no encontró a nadie; minutos más tarde la Virgen María se hallaba arrodillada en un rincón de la cocina, vistiendo una túnica negra y rodeada de candelabros con las velas encendidas. Posteriormente volvió a aparecer llevando un largo rosario entre sus manos y una corona de estrellas sobre su cabeza.

Ni Felisa, mujer sencilla y prudente, ni sus familiares, supieron interpretar lo que estaba sucediendo. Después de estas dos apariciones la vidente no volvió a presenciar ninguna más hasta 1968; a partir de entonces comienzan a sucederse con regularidad, aunque Nuestra Señora no comunicaba ningún mensaje en ellas.

El 23 de mayo de 1969 fue la fecha en que la Virgen María habló a Felisa por primera vez, para decirle que deberían abandonar la casa en que habitaban y hacer de ella una capilla; la familia se trasladó a una vivienda cercana y Nuestra Señora empezó ya a dar sus mensajes. También bendijo el agua de un pozo que allí se encontraba, prometiendo sanar a todos los enfermos que se lavaran con ella los pies y las manos. El marido de la vidente, jubilado por una grave dolencia, fue el primero en recuperar la salud, después de haber seguido estas indicaciones.

El 9 de julio de 1969, un ángel esperaba a Felisa al lado del pozo, con la finalidad de entregarle un trozo de terciopelo negro para confeccionar un manto a la Virgen, de la misma tela que la muestra que él le daba. La vidente guardó el terciopelo en un relicario de cristal donde puede contemplarse hoy en día. Fue a partir de entonces cuando los prodigios comenzaron a multiplicarse como si con ellos Nuestra

Virgen Pura Dolorosa de Umbe, con el corazón traspasado de dolor por las continuas ofensas de los hombres.
"El agua seguirá curando", frase que repetía la Virgen a la vidente Felisa Sistiaga, y es, así mismo, la pista que nuestra Madre nos da para que creamos en estas apariciones.

Señora quisiera dejar constancia de su presencia en aquel lugar.

En sus apariciones la Virgen traía consigo velas apagadas, que todos podían ver y que luego se encendían por sí solas. Otras veces surgían palomas de la nada, que revoloteaban alrededor de la vidente. Un rosario negro, con el que Felisa siempre rezaba, fue transformado repentinamente y sus cuentas cambiaron de color.

La Virgen de Umbe, que dijo llamarse *"La Dolorosa"*, predijo la prematura muerte del sucesor de Pablo VI y este vaticinio, cumplido con precisión al fallecer inesperadamente Juan Pablo I, treinta y tres días después de ascender al Solio Pontificio, dio credibilidad a sus demás mensajes, todos ellos de marcado tinte apocalíptico:

"Id anunciando que se acerca el Reino de Dios; si no hacéis caso a nuestras llamadas, de aquí a treinta años, se formará en el cielo una intensa niebla que no os permitirá veros los unos a los otros. Ninguna luz os servirá y durará todo el tiempo que sea preciso. Hasta que llegue ese momento cambiarán dos Papas más.

Antes del castigo daré un aviso; una gran cruz que al descomponerse producirá una inmensa luz blanca. A continuación un viento ardiente abrasará toda la Tierra. Muchos morirán de la impresión pero los que mantengan la fe no sufrirán nada.

Estoy dando los últimos avisos al mundo, pero no se me escucha. Sabed que estoy anunciándolos en varios lugares a la vez. El enemigo está entre vosotros y os confundirá. Llevad cuidado con él porque se disfraza y engaña. Pretende que alcancéis la salvación sin Dios.

El último esfuerzo del Cielo será el milagro, para la salvación de los pecadores. Todos lo verán pero la humanidad, salvo una pequeña minoría, seguirán sin creer".

El 14 de abril de 1982 se celebró en Monte Umbe una solemne ceremonia para entronizar a la Virgen de los Dolores, a la que acudieron más de 3.000 personas llegadas de muchos lugares de España. A pesar del fallecimiento de la vidente, sucedido ocho años después, los peregrinos siguen congregándose en aquel lugar donde las curaciones prodigiosas, debidas al agua del pozo, son cada vez más numerosas.

La Codosera (1945). Badajoz.

El 27 de mayo de 1945, la niña Marcelina Barroso Expósito que caminaba hacia Chandavila, localidad cercana a la frontera de Portugal, vio aparecer encima de un castaño a la Virgen Dolorosa, vestida de negro y con un manto cuajado de estrellas. Regresó al mismo lugar dos días más tarde y esta vez contempló al Señor clavado en la Cruz, en medio del firmamento.

La visión de la Virgen sobre el castaño comenzó ya a hacerse visible a todas las personas que se acercaban hasta allí, al igual que pronto fue visible la del Cristo Crucificado. Con el paso de los días, la Dolorosa fue vista por las calles del pueblo de la Codosera, en más de doscientas ocasiones, y sus vecinos, ante todos estos prodigiosos sucesos, hicieron una declaración jurada, que fue guardada en el archivo parroquial, en la que aseguraron haber presenciado, en repetidas ocasiones, a Cristo y a la Virgen de los Dolores.

La imagen más conocida de la Virgen de Garabandal, que se venera en la Capilla dedicada al Arcángel San Miguel, junto a los pinos. Cuadro de la pintora catalana Isabel Daganzo.

Un gran Santuario se construyó al lado del castaño donde tuvo lugar la primera Aparición, aunque la Santa Sede nunca llegó a pronunciarse sobre ellas.

Garabandal (1961). Santander.

El 18 de junio de 1961, Conchita González y sus amigas Mary Loli, Mary Cruz y Jacinta, decidieron ir en busca de manzanas, después de oír Misa en la pequeña iglesia de Garabandal. Lo que les sucedió a las cuatro niñas aquella mañana, lo relata Conchita en su diario con gran precisión:

"De repente vimos ante nosotros una hermosa figura que brillaba mucho. Era un ángel que enseguida desapareció. Tenía unas alas rosas, bastante grandes y los ojos negros. No se le veían los pies. Parecía un niño de 9 años, pero daba la impresión de ser muy fuerte".

El ángel volvió a presentarse ante ellas tres días más tarde, y a partir de entonces sus apariciones se hicieron muy frecuentes, siempre en el lugar conocido como *"la Calleja"*, donde las niñas le habían visto por primera vez. Allí les comunicó que él era el Arcángel San Miguel, llegado del Cielo con el propósito de anunciarles la próxima venida de Nuestra Señora, bajo la advocación de la Virgen del Carmen. Esta importante promesa se cumplió el 2 de julio de ese mismo año mientras las cuatro videntes, en espera de la anunciada visita, se encontraban reunidas en *"la Calleja"*, rezando devotamente el Santo Rosario.

La Virgen, vestida con una túnica blanca y un manto azul parecía tener 18 años; sobre su largo pelo, de color castaño, llevaba una corona de estrellas y de su mano derecha pendía un escapulario marrón. Dos Arcángeles le acompañaban, uno de ellos el que las niñas ya conocían.

Después de esta primera Aparición, Nuestra Señora continuó presentándose ante ellas en el mismo lugar, hasta el 16 de julio, día en que, por primera vez, comenzó a manifestarse en un pequeño pinar cercano. A partir de entonces, las videntes escuchaban *"unas llamadas"* que las atraían hacia "los Pinos", a donde llegaban en veloces marchas extáticas, sin que sus pies pareciesen tocar el suelo. En estos trances sincronizados, los ojos de las cuatro niñas, alzados siempre hacia el cielo, contemplaban un punto preciso en el firmamento por donde venía la Virgen, a quien solamente ellas podían ver.

Ante las grandes muchedumbres que comenzaron a congregarse en Garabandal, la reacción eclesiástica no se hizo esperar; una nota del obispo de Santander prohibió a las videntes entrar en la iglesia del pueblo, por miedo a que en ella cayeran en trance y se creara más confusión. Diez días más tarde, una segunda comunicación, afirmaba tajantemente que las Apariciones nada tenían de sobrenatural.

A pesar de estas advertencias la gente continuó yendo al lugar, cada vez en mayor número, especialmente cuando el ángel comenzó a dar a Conchita la *"Comunión mística"* y se anunció que el prodigio sería visible a todos el miércoles 18 de julio de 1962.

Al llegar la fecha prevista Conchita salió de su casa camino de *"la Calleja"*, cayendo de rodillas en un profundo éxtasis, antes de poder llegar al lugar donde la esperaba una gran multitud. Postrada en tierra recibió la Comunión de manos del ángel, tal y como estaba anunciado, siendo visible a todos la Sagrada Forma posarse sobre su boca, e incluso quedar fotografiado el prodigio por las cámaras que muchas personas habían llevado con este fin.

La noticia del fallecimiento del Papa Juan XXIII, llegó a Garabandal el mismo día de su muerte (3 de junio de 1963) y Conchita, al enterarse, aseguró que ya solamente quedaban tres Papas más, antes de que llegara el Final de los Tiempos. El nuevo anuncio de la vidente causó gran perplejidad, porque a nadie le parecía posible que el final del mundo llegara tan pronto.

"La Virgen no dijo que iba a llegar el fin del mundo -puntualizó la niña a quienes así hablaban-. *Ella solamente dijo: El Final de los Tiempos".*

- *"¿Y qué diferencia hay entre uno y otro?"*

- *"Eso ya no lo sé..."*

El 13 de noviembre de 1965 la Virgen se apareció en *"los Pinos"* por última vez y Conchita, sabiendo que ésta iba a ser su despedida, le pidió que la llevara con Ella.

"Aún no es tiempo, hija mía. Tienes que presentarte ante Dios con tus manos llenas de buenas obras, hechas por ti en favor de tus hermanos, pero Yo estaré siempre contigo y con mis hijos. Ésta es la última vez que me ves aquí".

Resumiendo los mensajes recibidos durante los cuatro largos años que duraron las apariciones de Garabandal, hay que destacar las advertencias dadas por Nuestra Señora en relación a la llegada de los Últimos Tiempos; en especial su mención a un *"aviso"*, un *"milagro"* y un *"castigo"*, que anunciarán a los hombres esta próxima llegada.

*"El **aviso** será obra de Dios, visible en el mundo entero. Será algo como un trueno o un tornado. Los hombres sentirán una revelación interna de sus pecados. Nadie morirá a consecuencia directa de este aviso; si algunas personas mueren será de la impresión, del miedo. Sucederá en el firma-*

Conchita González,
la principal vidente.

Mª Loli Mazón dando a
besar unos rosarios

Las cuatro niñas videntes de San Sebastián de Garabandal, Conchita, Mª Loli y Jacinta, en éxtasis, las dos primeras dando unas medallas a besar a la visión.
Mª Cruz, la primera de la derecha, en algunas ocasiones no entraba en trance.

mento, como una luminosidad acompañada de un fuego ardiente. No se sabe con certeza cuándo ocurrirá, aunque será anterior al milagro y ambos dentro de un periodo de doce meses. El aviso será obra de la intervención directa de Dios.

El ***milagro*** *se producirá un jueves, a las 8,30 de la tarde, coincidiendo con la festividad de un santo de la Eucaristía. De él quedará una señal visible en la zona de 'los Pinos'. Los enfermos sanarán y los incrédulos creerán. Será el mayor milagro que Dios haya hecho en el mundo.*

El ***castigo*** *estará condicionado a que la Humanidad haga caso, o no, de los mensajes de la Virgen. Si viene será peor que si estuviésemos envueltos en fuego".*

Can Cerdà (1974). Cataluña.

La vidente de estas apariciones, llamada Pepita Pugès Baladas, comenzó a recibir locuciones internas del Señor, desde el mismo día en que hizo la Primera Comunión. Más adelante, a la edad de veinte años, oyó un claro llamamiento para hacerse religiosa, que sin embargo desatendió ante la tenaz oposición de su padre, al que respetaba profundamente.

Decidió contraer matrimonio con Francisco, un joven que conocía desde la niñez, naciendo tres hijos de esta unión, uno de ellos, María Lourdes, fallecida prematuramente. La propia Pepita víctima de innumerables enfermedades y convencida de que su muerte estaba cercana, viajó a Lourdes en un momento crítico de su vida, a fin de implorar a la Virgen por su sanación; el 27 de noviembre de 1954, después de rezar delante de la gruta de Nuestra Señora, la enferma pasó una noche tranquila y, al despertar, se encontró curada.

La imagen de Can-Cerdá, dentro de la urna de cristal que la protege, autora de extraordinarios milagros.

Imagen de la Virgen de Can-Cerdá, foto tomada en el momento de ser llevada al lugar de las apariciones y antes de construirse la urna que la protege.

A partir de entonces, las gracias espirituales que ya recibía comienzan a ser cada vez mayores. Por primera vez, Nuestra Señora la invita *"a ver el Cielo un poquito"* y la vidente, al igual que tantas otras almas místicas, sale *"fuera de su cuerpo"* para llegar a la dimensión espiritual. Después de esta primera experiencia Pepita continúa visitando el Cielo, en donde ya quiere quedarse eternamente. Sin embargo, aún no ha llegado su hora y ella debe regresar al mundo para continuar en él su labor terrenal. Esta labor que la vidente realiza con determinación, siempre que recuerda el Corazón que le mostró el Señor ardiendo en llamas, por el amor que siente hacia todos sus hijos.

"Es una locura apegarse a las cosas de la tierra y abandonar las del Cielo".

Estas *"visitas al Cielo"* de Pepita Pugès, como de tantas otras videntes, están minuciosamente descritas por Santa Teresa de Jesús quien, al alcanzar la *Sexta Morada*, nos dice: *"El Señor tiene a bien mostrarnos algunos secretos del Cielo y ¡cuántos más debe de haber!... ¡Oh, secreto del Cielo! ¡Qué difíciles son luego de repetir aunque en nuestro interior queden bien escritos!"*

Teresa narra con sencillez estos hechos, que son tan reales para ella, aunque tan difíciles de entender a través de la lógica humana.

"Se ven Santos y se les conoce como si se les hubiera tratado. Otras veces se ven multitud de ángeles con el Señor entre ellos. Se les oye hablar y se entienden sus palabras. A veces también están en compañía de Nuestra Gloriosísima Madre".

En esta misma *"Morada"*, la Santa describe el modo en que ella llega al Cielo.

"Se siente un movimiento tan acelerado del alma que parece que ésta es arrebatada del cuerpo. No se sabe ni a dónde se va ni a dónde la llevan. No se puede resistir, incluso tratar de resistir es peor. Se llega luego a una región diferente a ésta en que vivimos, donde la luz es distinta y donde se enseña al alma tantas cosas que en muchos años no ordenaría".

Del mismo modo, San Pablo, el Doctor de las Gentes, describe estos vuelos del espíritu en parecidos términos: *"Sé de un hombre en Cristo que fue arrebatado hasta el Tercer Cielo. Si en cuerpo o no... no lo sé. Dios lo sabe. Este hombre que fue arrebatado al Paraíso oyó cosas inefables que a nadie ha sido dado poder expresar: ¡oh, profundidad de la sabiduría y de la ciencia de Dios! ¡Cuán impenetrable son tus designios! ¡Cuán inescrutables son tus caminos!"*

Es total el paralelismo que existe entre las vivencias espirituales de estos dos místicos y también en la manera de referirse a todos los detalles relacionados con ellas. Ambos reconocen no saber, si fueron o no, transportados con sus cuerpos físicos. Sólo pueden decir que fueron arrebatados del lugar terrenal en el que se encontraban.

* * *

El día 8 de noviembre de 1974, festividad del Nacimiento de Nuestra Señora, Pepita Pugés escuchó una voz interna que le mandaba ir a Can Cerdà, lugar desconocido para ella, situado entre Barcelona y Cerdanyola.

Al llegar allí, acompañada por unos amigos, entró en un profundo trance, delante de un árbol que estaba caído en el suelo de una gran explanada. La Virgen María se presentó ante ella, para pedirle que regresara a este mismo lugar todos los días 11 de mes y rezara allí el Santo Rosario.

"Soy la Virgen de Lourdes que he venido a Cataluña para cuidar almas y cuerpos". A partir de ese día el agua de un manantial cercano comenzó a obrar prodigiosas curaciones en los enfermos que la bebían o se lavaban en ella. Como ya resulta habitual en todas las actuales manifestaciones marianas, *"la danza del sol"*, pronto se hizo visible hasta a los que allí acudían, al tiempo que Nuestra Señora se quejaba, con dolor, de los muchos sacrilegios que se cometen en España.

Ante la enorme afluencia de personas que, cada vez en mayor número, acudían a Can Cerdà, el Arzobispado se decidió a intervenir mediante la publicación de una nota, el 8 de julio de 1976, en la que se pedía a la gente el abstenerse de acudir. Unos días más tarde, un decreto del Cardenal, desautorizaba los hechos por no constar en ellos lo sobrenatural.

Pepita, quien aconsejada por la Virgen ya había tomado como director espiritual al padre Roig Gironella, S.J. al cual obedecía en todas sus indicaciones, acató el decreto del cardenal accediendo, asimismo, a someterse a un dictamen médico realizado por el psiquiatra, doctor Ricardo Puncernau, el cual, una vez efectuado, aseguró la autenticidad de sus éxtasis. Durante estos trances la vidente siguió recibiendo mensajes, afines todos ellos a lo que la Virgen nos da en sus otras Apariciones.

"El gran milagro será el anunciado en Garabandal".

"Rezad por el Santo Padre, que lo necesita mucho".

"La indiferencia de la humanidad va en aumento y nadie se aparta del error".

"Cada día la oración va disminuyendo y los pecados aumentan".

"Los tiempos van llegando. Rezad para que se calme la violencia".

"¡Hijos míos, salvad a los niños! ¡Apartad de ellos a los hombres infernales; esos espíritus malignos que quieren arrebatarles la inocencia!"

"¡Tened confianza en Mí! ¡Cobijaos bajo mi Manto!"

Cada vez más enferma, Pepita Pugès fue internada en la Clínica de la Alianza, donde falleció el 30 de agosto de 1978.

El Escorial (1981). Madrid.

Amparo Cuevas, vidente de las Apariciones de El Escorial, nació el 13 de marzo de 1931 en un pueblo de la provincia de Albacete, en el que vivió hasta casarse con Nicasio Bardera. Mujer recta y sencilla, enfermó del corazón al dar a luz al primero de sus siete hijos, siendo esta enfermedad la causa de un viaje a Lourdes en 1977, curándose allí de su dolencia. Una vez recuperada, se colocó como asistenta en una casa de El Escorial, donde reside con su familia, desde hace más de veinte años.

A partir de octubre de 1980 Amparo comienza a recibir numerosas experiencias místicas, después de escuchar una voz de mujer que la prepara para recibir *"pruebas de dolor"*; el Señor se le manifiesta, a continuación, para pedirle su consentimiento y ella acepta sufrir, con gran humildad y fe.

Pronto empiezan las sangraciones y los estigmas de la Pasión; en su pecho aparece un corazón en relieve, atravesado por una espada. Tiene bilocaciones, levitaciones y profundos éxtasis que la dejan postrada. Aunque la vidente trató de ocultar estos extraños fenómenos a las personas que la rodean, su empeño fue inútil desde el día en que sufrió los estigmas de la Pasión en una panadería, siendo éstos visibles a todos los que estaban allí.

El 14 de junio de 1981 Amparo, acompañada por su marido y por dos de sus hijas, se acercó hasta la finca de *Prado Nuevo* de El Escorial, con la intención de beber agua fresca de una fuente a la que acudían con cierta frecuencia. Pero aquel día el asombro de la familia fue muy grande, al ver surgir del hueco de un fresno una luminosa nube, que se elevaba hasta el Cielo. Solamente Amparo pudo contemplar dentro de ella a la Santísima Virgen, vestida con un manto negro y con una gasa blanca alrededor de la cabeza. Pronto comenzó a hablar: *"Soy la Virgen de los Dolores y es mi deseo que se edifique una Capilla en este lugar para meditar en ella la Pasión de mi hijo. Si así lo hacéis esta agua sanará y muchos de los que vengan serán marcados con una cruz en la frente"*.

A partir de ese día las apariciones despiertan una gran expectación y la gente acude a El Escorial desde los más escondidos lugares de España, a fin de escuchar los mensajes de Nuestra Señora con devoción y recogimiento.

En marzo de 1983, Amparo sufrió un atentado en *"Prado Nuevo"* mientras estaba, ella sola, arreglando un pequeño altar, colocado en el fresno donde la Virgen se presentó por primera vez. Unas misteriosas piedras que comenzaron a caer, hicieron huir a sus atacantes, no sin que antes hubiesen causado grandes heridas a la vidente que la obligaron a internarse en un hospital. A pesar de esta amenaza, Amparo volvió de nuevo al mismo lugar, al finalizar su hospitalización, para continuar escuchando los mensajes de Nuestra Señora que coinciden, en esencia, con los ya dados por Ella en Fátima, La Salette y Garabandal.

"¿No veis, hijos míos, el Final de los Tiempos? No seáis sordos ni ciegos, el tiempo se aproxima y los hombres no cambian. Antes de que tiemble el firmamento, grandes terremotos caerán sobre la Humanidad, por no haber querido escuchar la palabra de Dios. Dios está mandando a la Tierra grandes calamidades; el Final de los Tiempos se aproxima, el agua desbordará los mares y arrasará grandes ciudades".

Sin embargo, los numerosos mensajes de *"Prado Nuevo"* no son sólo apocalípticos; muchos de ellos tienen profundidad teológica y están transmitidos en un lenguaje no exento de poesía.

"Dios es el que todo lo puede, el que todo lo hizo, el que da luz, el que vigila hasta los más recónditos pensamientos, el que dirige los sistemas planetarios, el que llama a cada estrella por su nombre, el que manda en los ejércitos angélicos. Es el Espíritu que abastece el Cielo y la Tierra. Dejaos guiar por Él".

El 2 de junio de 1984, ante una multitud de 50.000 personas, sucedió por primera vez el prodigio de la *"Danza del Sol"* que Amparo, al igual que Lucía de Fátima, había anunciado con anticipación. Esa tarde, cuando la vidente pidió a la gente que mirara al Sol, el astro surgió repentinamente entre las nubes del cielo y proyectó rayos luminosos que cambiaban de tonalidad; después bailó con fuerza sobre su propio eje, precipitándose sobre la tierra como una bola de fuego; frenó su brusca caída y volvió a remontarse hasta el firmamento. El fenómeno se repitió tres veces consecutivas, siendo visible para todos los que allí estaban.

Los prodigios relacionados con el Sol, comenzaron a ser muy frecuentes y las fotografías que se tomaban de ellos demostraban su realidad; había que descartar, por tanto, una posible sugestión de masas o una hipnosis colectiva. Los *"frutos"* de la Aparición de la Virgen María también eran patentes, ante la existencia de tantas conversiones y milagros que se multiplicaban cada vez más. En algunas ocasiones la vidente hablaba en un idioma desconocido, recibía *"comuniones místicas"*, sanaba a los enfermos, multiplicaba los alimentos y muchas de sus profecías comenzaron a cumplirse.

Así las cosas, el 12 de abril de 1985, la Jerarquía eclesiástica decidió intervenir, con la publicación de una nota en el **Boletín de la Archidiócesis** de Madrid, en la que se decía que en las Apariciones de El Escorial, *"no constaba lo sobrenatural"*; aunque no se prohibía a los fieles asistir a ellas, sí se recomendaba a los sacerdotes, religiosos y almas consagradas, abstenerse de ir para que su presencia en el lugar no pareciera autorizarlas. De un modo privado, también se aconsejó a la vidente no volver a *"Prado Nuevo"* a las horas previstas por la gente para rezar allí el Rosario. Amparo Cuevas obedeció las órdenes de monseñor Suquía, a pesar de continuar recibiendo mensajes que, posteriormente, se leían en la *Pradera* los primeros sábados de mes.

En un comunicado del 24 de junio de 1983, la Virgen pidió fundar "*casas de Misericordia*" para atender a los necesitados y la vidente inició entonces la creación de la Fundación benéfica, "Virgen de los Dolores", cuya sede se encuentra cercana al Prado de las apariciones. La Fundación recibió posteriormente la donación de un antiguo convento deshabitado, en Peñaranda de Duero, donde residen las "*seglares reparadoras*", unas jóvenes mujeres que han renunciado al mundo para ayudar a los pobres y entregarse a Dios.

En el momento actual los devotos de estas manifestaciones marianas se encuentran muy alarmados ante una serie de acontecimientos que comenzaron a precipitarse a partir del mes de octubre de 1992, cuando en la madrugada del día 5, unos desconocidos rociaron con gasolina el fresno sobre el que aparece la Virgen, para después prenderle fuego. Más adelante, la fuente donde tantas personas han encontrado la curación de sus enfermedades, apareció contaminada por aguas fecales y rodeada de carteles, prohibiendo beber en ella.

Paralelamente a estos sucesos, los dueños de la finca de Prado Nuevo, han cedido al ayuntamiento de El Escorial la propiedad de la misma, a cambio de una autorización para poder edificar en unos terrenos colindantes. El descontento de los devotos está plenamente justificado, si se considera la posibilidad de que el lugar donde ahora se encuentra el árbol de Nuestra Señora puede llegar a convertirse en un polideportivo.

La situación aún se agravó más cuando la finca fue rodeada con una valla metálica de dos metros de altura, a fin de impedir a los fieles el acceso a ella. Sin embargo, a pesar de estas medidas, la gente sigue acudiendo al lugar para rezar y depositar flores ante esta *"valla de la vergüenza"* como ya se denomina al cerramiento metálico.

Pedrera (1987). Sevilla.

En el sevillano pueblo de Pedrera están teniendo lugar unas apariciones que, por sus excepcionales características, las hacen distinguirse de todas las demás manifestaciones marianas. Como ya se ha relatado en varias publicaciones, *"son cientos las personas que dicen haber visto a Jesús y a la Virgen en la localidad de Pedrera".*

Estos extraordinarios hechos comenzaron a hacerse patentes a partir del mes de octubre de 1991, cuando, no solamente la vidente Carmen López, sino también las personas que le acompañaban, pudieron contemplar **personalmente** la presencia física de la Virgen María.

La llegada de la Virgen, vistiendo túnica azul y cubriéndose la cabeza con un amplio manto blanco, siempre viene precedida por una luminosidad de la que emerge, caminando después por el monte, sin que sus pies rocen la tierra.

En otras ocasiones, se manifiesta llevando un brillante sol entre sus manos como si de este modo quisiera recordarnos la descripción que de Ella hace el Apóstol San Juan, en el capítulo XII del libro del Apocalipsis: *"Apareció en el Cielo una gran Señal, una Mujer vestida de sol"* (Ap. XII, 13-17). Hay veces, en que su presencia se hace más real y es entonces cuando se aproxima a los que la esperan, que así pueden contemplar los bellos rasgos de su cara y el dulzor de su mirada.

Al iniciarse la Cuaresma de 1992, la vidente dio a conocer un impresionante mensaje en el que se anunciaba que Nuestro Señor Jesucristo iba a a ser visto por todos. La extraordinaria promesa se convirtió en realidad pocos días después, al aparecer el Señor delante de una gran muchedumbre, vestido con una túnica morada y cargado con la Cruz.

Durante aquella Semana Santa seis fueron, en total, las apariciones de Jesús con la Cruz a cuestas, una Cruz esbelta, a pesar de su gran tamaño, que Él apoyaba sobre sus hombros. Las personas que presenciaron estas milagrosas apariciones del Cristo Nazareno, caminaron tras Él, siguiendo sus pasos por el monte, hasta ver su figura desvanecerse entre los olivos; en la madrugada del domingo de Resurrección el Señor se manifestó vestido de blanco, acercándose a los que allí estaban reunidos para impartirles su bendición, antes de ascender al Cielo.

Estos portentosos sucesos comenzaron a atraer hacia el pueblo de Pedrera a miles de personas con la esperanza de llegar a contemplarlos; el monte donde tenían lugar las manifestaciones pronto fue conocido como *"el Monte de los Olivos"* y en él se congregaba la gente, hasta el día en que la vidente sufrió un brutal atentado. A partir de entonces Carmen López dejó de acudir, aunque las apariciones continuaron haciéndose visibles alrededor de la casa donde ella vive, cercana al pueblo de Estepa.

"Yo he visto a la Virgen de 80 a 90 veces", afirman los asiduos al lugar llegados, en su mayoría, de los pueblos colindantes.

Al ser tan evidentes estos hechos, avalados por los testimonios de cientos de personas, los escépticos se limitan a decir que son debidos a la proyección de un rayo láser o de algún otro sistema, aún más perfeccionado. Sin embargo, con el paso del tiempo, hasta los más incrédulos han tenido que reconocer la poca consistencia de estas interpretaciones. Lo único que, hasta la fecha, no se puede negar es que unas imágenes luminosas, del Señor y de la Virgen María, aparecen con regularidad ante la gente que reza el Rosario en las proximidades de la casa de la vidente.

Todos aquellos que han tenido el privilegio de haber contemplado estos prodigiosos acontecimientos están deseosos de dar testimonio a las autoridades eclesiásticas, conscientes de la enorme importancia de lo que han presenciado y del profundo cambio efectuado en sus almas.

A pesar de que la vidente Carmen López no sabe escribir, su mano, de modo automático, plasma sobre el papel las palabras que escucha en estado de trance. Los mensajes que la Virgen le trasmite son de una gran belleza y sus consejos llenan el corazón de dulzura: *"Amados míos, no guardéis las palabras de mi Hijo, deben ser repartidas para que todos sepan el camino que deben seguir.*

Ayudad a los que no conocen lo que vosotros estáis conociendo. Alumbrad a los ciegos de fe para que sigan la luz de mi Hijo. Él os ayudará con la luz divina y os guiará a través de la sombra.

No seáis, hijos míos, corazones vacíos. Respirad el perfume del amor divino, entregaos a él y hallaréis la paz de vuestras almas. Yo os invito, hijos míos, a luchar por el camino de la salvación.

¿A qué esperáis? ¿No sabéis que sois aves de paso en este peregrinar por la tierra? ¿Qué esperáis dar a vuestro Redentor? ¿Qué esperáis ofrecerle? ¿Almas apagadas...? ¿Corazones muertos...? Él os ama. Y baja de lo más alto a transmitiros sus palabras de amor".

Gibraleón (1989). Huelva.

Mari Carmen, vidente de estas Apariciones, comienza a ver a Nuestra Señora en el hospital, momentos antes de entrar en el quirófano para ser intervenida de una grave dolencia. La Virgen le promete que saldrá con vida de la operación y, ya recuperada, continúa visitándola en su propia casa.

En el verano de 1991, Nuestra Señora pide a su vidente que comience a ir al *Alto Micael*, donde aparece una vez a la semana, para comunicar avisos relacionados con el Final de los Tiempos.

Los fenómenos que allí se dan, son impresionantes, en especial el de la *"Danza del Sol"* que ha podido ser captada con la cámara de vídeo, dejando así constancia testimonial del suceso. Varias de las personas que lo observaban pudieron filmar unas fuertes explosiones en el propio sol, después de que la luz del día se ennegreció y entre las tinieblas surgía un corazón latente.

Estos inexplicables hechos llenan de perplejidad a los que los contemplan que se preguntan qué pueden significar. La fuerza y la frecuencia con que se vienen produciendo, da lugar a interpretarlos como una de las señales bíblicas que anuncian el Final de los Tiempos.

Resulta difícil de entender que los gobiernos no tomen un interés mayor en investigar lo que está ocurriendo en el firmamento; ya son demasiadas las personas que han presenciado estos prodigios en el mundo entero para poder seguir achacándolos a la fantasía o a la histeria colectiva.

Pintura que representa
la virgen del Escorial

El árbol donde se aparece la Virgen
en el Escorial

Carmen López, la vidente de Pedrera
en compañía de su esposo, exhibiendo el Cáliz y la Patena,
que le entregó la Virgen durante un éxtasis.

En el Higuerón, donde la vidente de Pedrera se dedica
a la oración y conserva sus recuerdos.
Tiene encerrado el Cáliz y la Patena que aparecieron
milagrosamente ante numerosos testigos.

CAPÍTULO VI

APARICIONES DEL SIGLO XX EN EL EXTRANJERO, EN VÍAS DE ESTUDIO

Montichiari, Tre Fontane, Lipa, Siracusa, Sabana Grande, Zeitoun, Akita, Betania y Kibeho.

Montichiari (1947). Italia.

Pierina Gilli, la vidente de estas apariciones que comenzaron en la primavera de 1947, era una enfermera de 36 años a quien la Virgen comunicó numerosos mensajes dirigidos a las almas consagradas a Dios.

Nuestra Señora se presentó ante ella bajo la advocación de "*Rosa Mística*", con tres grandes espadas, atravesando su Corazón; en posteriores manifestaciones las espadas, que significaban la pérdida de vocaciones sacerdotales, se convirtieron en rosas (blanca, rosa y dorada) como símbolo de un futuro aumento de santidad entre los siervos de Dios.

En la segunda fase de estas apariciones, diecinueve años más tarde, Pierina vuelve a contemplar la figura de la "*Rosa*

Imagen de la Rosa Mística, derramando lágrimas de sangre.

La Virgen del grabado "María Rosa Mística" vertió lágrimas de sangre en la población de "Los Charcos" vecindad de Santa Bárbara (Antioquia) Colombia el 15 y 16 de septiembre de 1984 en la casa del señor Evelio Arango Cuervo.

Mística", mientras reza el Rosario en un convento de Brescia, a donde había sido trasladada por orden de monseñor Tredici, en represalia por sus anteriores declaraciones.

Es ahora, cuando la Virgen ordena a su vidente ir al manantial de Fontanelle, con la promesa de que los enfermos sanarán, al beber de esta agua si antes se arrepienten de sus pecados; unos espectaculares prodigios comienzan a suceder en el firmamento a partir de entonces, y a Pierina también se le prohíbe regresar a Fontanelle.

Las apariciones se reanudan en el convento de Brescia, dos años después, donde la Virgen vuelve a recordar que es la *"Madre de la Iglesia"*, en un nuevo ciclo de veintidós manifestaciones, en el que sus mensajes continúan dirigidos a los sacerdotes, a los que llama *"mis hijos más queridos"*; por ello le suplica a Pierina: *"Diles que deben anunciar mis mensajes; diles que necesitan mi amor de Madre; diles que soy su Refugio..."*

En cierta ocasión, la vidente se extrañó de que la Virgen, bruscamente, dejase de hablar. Al preguntarle la razón de su silencio, Ella señaló a un sacerdote que estaba dando su bendición.

"Cuando un sacerdote bendice, su bendición es algo tan grande que hasta la Madre de Dios la tiene que respetar".

Los fenómenos en el firmamento fueron de una gran espectacularidad en estas apariciones, en especial el que ocurrió el 8 de diciembre de 1969, festividad de la Inmaculada Concepción, que fue contemplado por más de doscientas personas. Ese día, después del rezo del Rosario, comenzó el prodigio de la *"Danza del Sol"*, -giros, haces luminosos, cambios de tonalidades, acercamiento del astro a la Tierra, retrocesos hasta el firmamento...- para después surgir un foco azul que lanzaba señales intermitentes, S... O... S... desde el Cielo.

Un enorme rosario se fue perfilando en el horizonte, cuya sombra se reflejaba sobre la nieve del campo mientras unos rayos de gran luminosidad construían una escalera, que llegaba desde la tierra al infinito. Acto seguido se repitió la *"Danza del Sol"*, más vertiginosa que nunca para después cubrir el firmamento con un gran Arco Iris.

El significado del fenómeno que acababan de presenciar las personas allí congregadas, fue explicado, por la Virgen, a Pierina:

"La Humanidad corre un gran peligro y debe pedir ayuda del Cielo -S.O.S.-. El Rosario es la escalera que nos

conducirá hasta él. El Arco Iris representa la alianza que Dios hizo con el hombre y que nunca olvidó".

El eco de lo sucedido, unido a muchos otros extraordinarios prodigios de la misma magnitud, fue el detonante que movió a miles de personas a creer en la *"Rosa Mística"*, incluidos los tres Papas cuyos pontificados coincidieron con las apariciones, y que siempre mostraron hacia ellas un especial interés.

En efecto, Pío XII recibió a la vidente en una audiencia privada y después de una larga conversación, le pidió que rogase a la Virgen por él. Pablo VI tenía en su oratorio una imagen de la *"Rosa Mística"*, a la que se encomendaba con gran frecuencia. Juan XXIII, dirigió una encíclica a los sacerdotes, pidiéndoles invocar a María bajo la advocación de la *"Rosa Mística"* a fin de lograr su protección en el concilio Vaticano II.

Monseñor Tradici, en quien recaía la responsabilidad de las Apariciones por ser el obispo de Brescia, luchó a favor de ellas durante los diecisiete años que estuvo en su cargo, en el convencimiento de que eran genuinas, y ordenó una comisión para que las estudiara, que aún no ha dado su veredicto.

Tre Fontane (1947). Italia.

A las afueras de Roma, en el mismo lugar donde fue decapitado San Pablo el 29 de junio del año 67, por orden del emperador Nerón, tuvieron lugar las apariciones de la Virgen de la Revelación, también conocidas como las Apariciones de Tre Fontane. Según la tradición, la cabeza de San Pablo, al caer al suelo, dio tres golpes contra él y de cada uno de ellos brotó una fuente, dando este hecho origen al nombre de Tre Fontane.

Estatua de la Virgen de Tre Fontane, vestida de Abadesa.

Virgen de la Revelación de Tre Fontane.

El vidente de estas apariciones, Bruno Cornacchiola, era un tranviario romano, protestante, padre de tres hijos y enemigo encarnizado de la Iglesia Católica y de la Virgen María. Combatió en España durante la Guerra Civil y al finalizar la contienda compró en Toledo un puñal de acero, con intención de asesinar al Papa en la primera ocasión que se le presentara.

Ya de regreso a Roma, el 12 de abril de 1947, Cornacchiola llevó a sus hijos a jugar a Tre Fontane mientras él preparaba una conferencia que debería de dar al día siguiente en la que refutaba el Dogma de la Inmaculada Concepción.

Los niños entraron en una gruta para buscar el balón que se les había perdido y Bruno, al verlos desaparecer, dejó su trabajo para ir tras ellos. Momentos más tarde encontró a sus hijos arrodillados en el suelo, mirando absortos a *"una bella Señora"* vestida de blanco, con una capa verde cubriéndole el traje.

Cornacchiola cayó fulminado ante Ella que, dulcemente, le empezó a hablar: *"Soy la Virgen de la Revelación, aquella que está en la Trinidad Divina. ¿Por qué me persigues? Entra en el rebaño santo y obedece la autoridad del Papa"*.

Nuestra Señora le mostró una Biblia que llevaba en sus manos y comenzó a explicarle alguno de los dogmas relacionados con Ella:

"Mi Cuerpo no se puede corromper. Mi Hijo y mis ángeles me llevaron con ellos hasta el Cielo, en el momento de mi Dormición".

Después, le prometió que haría potentes milagros con la tierra de la gruta en la que se encontraban, promesa que no tardó en cumplirse al comenzar a multiplicarse las curaciones de los enfermos a los que se les aplicaba. La vida de

Bruno Cornacchiola, a partir de aquel día, dio un cambio profundo y buscó un sacerdote para que le pusiera a bien con Dios y con su conciencia.

En una audiencia privada concedida por Pío XII, Bruno detalló al Pontífice todos los pormenores de la aparición que tuvo en Tre Fontane, haciéndole entrega del puñal comprado en España con el que pensaba asesinarle y en el que aún podía leerse grabado en él, "*muerte al Papa*". Mostrando nuevamente su arrepentimiento, rogó a Su Santidad que le permitiera ser su guardaespaldas personal, petición que le fue concedida por el Pontífice.

Aunque las apariciones no han recibido todavía la aprobación de la Santa Sede de un modo definitivo, el Pontífice bendijo la imagen de la Virgen de la Revelación, tallada en madera policromada, que posteriormente fue llevada en procesión desde la plaza de San Pedro, en Roma, hasta la ermita edificada en la gruta de Tre Fontane, donde los padres franciscanos atienden a los peregrinos que vienen a venerarla.

Lipa (1948). Filipinas.

Comienzan estas apariciones filipinas el 18 de agosto de 1948 en el convento carmelitano de la ciudad de Lipa, provincia de Batangas, cuando Teresita Castillo, novicia de las Carmelitas Descalzas, ve aparecer a una *"bella joven"* deseosa de darle un mensaje para la Madre Superiora.

La novicia desconoce la identidad de quien así le habla y el obispo Obviar, al ser informado del hecho, le sugiere que le pregunte "*quién es*", en caso de volverla a ver.

Una lluvia de pétalos de rosa cubrió la celda de Teresita pocos días después y la *"bella joven"* se manifestó de nuevo, esta vez en el jardín del convento:

"Soy tu Madre y la Madre de Jesús. Soy María la Mediadora de todas las Gracias".

Las apariciones se hicieron frecuentes, al igual que la lluvia de pétalos de rosa, cada vez más abundantes. La Virgen pidió a su vidente llamar al convento *"el Carmelo de Nuestra Señora"* advirtiendo que los hechos deberían silenciarse hasta que Ella autorizara manifestarlos públicamente. A partir de entonces Teresita comenzó a recibir la *"Comunión mística"* de manos de un ángel, la Comunidad podía contemplar desde su jardín la *"Danza del Sol"* y los pétalos de rosa llenaban las celdas de todas las monjas y cubrían las escaleras de la casa. El ambiente del convento era eufórico hasta el día en que la novicia comenzó a sufrir los estigmas de la Pasión del Señor.

El 12 de noviembre, Nuestra Señora se despide de su vidente con un largo mensaje en el que pide oraciones para la conversión de los pecadores, la devoción a su Corazón Inmaculado y el rezo del Rosario como instrumento de paz. También le da autorización para revelar públicamente lo sucedido.

Dos días después de esta despedida, los pétalos de rosas comenzaron a caer fuera del Convento, distinguiéndose en cada uno de ellos, con gran nitidez, el rostro del Señor o el de María. La gente rodea el edificio de las monjas noche y día y los periódicos dan la noticia del prodigio con toda clase de pormenores, detallando, incluso, las personalidades que acuden al lugar, entre ellas el Presidente de Filipinas don Elpidio Quirino.

Varios sacerdotes empiezan a celebrar la Misa diariamente en aquel lugar y el rezo del Rosario se hace continuo ante la imagen de la Virgen Mediadora de todas las Gracias, llegándose a reunir, en las proximidades del convento más de medio millón de fieles, siempre mirando a lo alto, en espera de una *"lluvia"* que nunca les defraudaba. Su llegada venía precedida de un intenso olor a rosas, surgiendo los pétalos en el firmamento, como si fueran puntos oscuros que caían en el suelo, sin ya despegarse de él.

A pesar de que esta *"lluvia"* era la gran atracción, pronto la propia imagen de la Virgen comenzó a sorprender a todos, cuando se observó que sus manos pasaban las cuentas del Rosario y que sus ojos se fijaban en los allí reunidos. Más adelante la Virgen Mediadora, empezó a dejarse ver en diversos lugares del archipiélago, San Pablo, Laguna, Cagayán... efectuando milagrosas curaciones en todos los enfermos que habían tenido el privilegio de encontrarla en su camino.

Ante estos extraordinarios sucesos, se formó una comisión eclesiástica, con el fin de estudiar las apariciones, dándose la circunstancia de que a partir de entonces, las lluvias de pétalos dejaron de caer. Como consecuencia de las investigaciones efectuadas durante el proceso, el obispo Obviar fue trasladado a la diócesis de Lucena, la Superiora del convento enviada a otro lugar, Teresita Castillo, internada en un hospital siquiátrico y las monjas del Carmelo recibieron orden de destruir todo el material relacionado con las apariciones, imponiéndoles así mismo la prohibición de hablar del tema, ni siquiera entre ellas mismas.

Teresita Castillo, que al salir del hospital ya no regresó a su Convento, vive en la actualidad, con su hija adoptiva, en las afueras de Manila. Los pétalos siguen cayendo sobre su casa y sobre su jardín, aunque ahora, muchos de ellos se transformen en rosas, cuando se posan sobre la tierra.

Siracusa (1953). Italia.

Antonina Giusto, esposa de un albañil, enferma de epilepsia y en espera de su primer hijo, pedía a Nuestra Señora que le ayudara en su difícil embarazo. De la pared de su dormitorio colgaba un cuadro de yeso esmaltado con la imagen del Corazón Inmaculado de la Virgen María y era a Ella a quien Antonia dirigía sus constantes súplicas.

La mañana del 29 de agosto de 1953, la enferma, acostada en su cama, sintió caer sobre su cara lo que le pareció ser una gota de agua. Alzó la cabeza para ver de dónde procedía y observó, con gran sorpresa, que venía de los ojos de la Virgen llenos de lágrimas. Fue en aquel momento cuando se encontró milagrosamente curada de sus dolencias y llena de emoción llamó a sus familiares para contarles los muchos prodigios que le estaban sucediendo.

Todas las personas que entraron en su habitación en aquel momento, también pudieron ver las lágrimas de Nuestra Señora, que no cesó de llorar durante tres días. La noticia saltó a los periódicos y una comisión compuesta por médicos y científicos analizó las lágrimas de la Virgen declarando que eran *"humanas"*, según confirmaban los certificados de los distintos laboratorios donde fueron estudiadas.

Ante las numerosas curaciones de los enfermos a los que se les comenzó a aplicar las lágrimas milagrosas, recogidas en algodones, el arzobispo de Siracusa, monseñor Barencina, convocó un tribunal eclesiástico para estudiar estos hechos. El veredicto no se hizo esperar:

"Las curaciones corporales son gracias de Nuestra Señora, al igual que muchas de las curaciones espirituales, más notadas por Dios que por los hombres".

Pío XII, nunca dudó de la realidad de la lacrimación, y por ello preguntó en su discurso del Año Mariano de 1954: "*¿Comprenderán los hombres el lenguaje de estas lágrimas?*"

El cuadro de yeso de la Virgen de las Lágrimas de Siracusa, fue trasladado a una capilla en la plaza Eurípides, donde quedó por espacio de quince años. A partir de 1968, el obispo de Palermo, acompañado de una inmensa multitud, presidió una solemne procesión para el traslado de la Virgen a su Santuario definitivo situado en la cripta de la Iglesia de la Victoria.

Aunque el Cardenal Ruffini, Arzobispo de Palermo, asegura "*no dudar en la realidad del llanto de la Virgen de Siracusa*", la Santa Sede Apostólica no se ha pronunciado sobre el caso, por el momento.

Sabana Grande (1953). Puerto Rico.

Mientras los niños Juan Ángel Collado, Isidra y Ramonita estaban sacando agua del pozo de su colegio, *"una hermosa joven que llevaba en su cabeza una corona de siete estrellas tan brillantes como el sol"*, apareció ante ellos surgida de la nada. Este extraordinario hecho sucedió en el pueblo de Sabana Grande, al sur de Puerto Rico, el 23 de abril de 1953.

Al día siguiente los tres niños regresaron de nuevo al pozo de su colegio, volviéndose a encontrar con la misma Aparición, llevando en esta ocasión un rosario entre sus manos; dulcemente se acercó a ellos y les habló por primera vez: *"No tengáis miedo de Mí. Soy la Virgen del Rosario".*

La Virgen del Pozo, del Barrio Rincón de Sabana Grande, en Puerto Rico, con su corona colocada horizontalmente, con siete estrellas que representan los Sacramentos, la más grande, situada sobre la frente, corresponde a la Eucaristía.

Cruz de gracia, que se venera en Montichiari (Fontanelle - Italia).

Durante treinta y tres días consecutivos la Virgen siguió apareciéndose ante los niños, comportándose con ellos igual que si fuese su maestra, acompañándoles a clase y enseñándoles la doctrina cristiana. En el transcurso de estos días dio siete mensajes a Juan Ángel Collado, indicándole que debería hacerlos públicos cuando ocurrieran determinados acontecimientos que sólo el conocía. Cuatro de ellos que han sido ya desvelados, están relacionados con la actual confusión de la humanidad, con el endiosamiento de los hombres y con la pérdida de la conciencia del pecado. La necesidad de crear *"una nueva estirpe"* de hombres y de mujeres que defiendan los valores cristianos y transformen el mundo, es el objetivo primordial de estas Apariciones.

"Hijos míos, pedid por la transformación de la humanidad porque un gran peligro os amenaza. Los hombres se han sumergido en una indiferencia profunda. Faltan a la fe, a la esperanza y a la caridad. El egoísmo, la soberbia y el materialismo corrompen el corazón de muchos. Estad alerta y protegeos bajo mi Manto".

Zeitoun, El Cairo (1968). Egipto.

Esta vez, las Apariciones de la Virgen constituyeron un fenómeno masivo, sin que existiese ningún vidente en particular y sin que Ella comunicara ningún mensaje. La visión de *"una mujer"*, comenzó a ser visible el día 24 de abril de 1968 encima de la bóveda de una Iglesia copta de El Cairo, emplazada en el populoso barrio de Zeitoun. Apareció vestida de blanco y arrodillada junto a la cruz del tejado de la iglesia, dando su bendición a todos los que la contemplaban, que no dudaron en identificarla como la Virgen María.

En posteriores ocasiones, la misma mujer era vista meciendo entre sus brazos a un niño pequeño, mientras bandadas de palomas rodeaban a ambos y el firmamento se cubría de cruces luminosas.

Por tratarse de unas Apariciones sucedidas en una iglesia copta, presenciadas principalmente por musulmanes y por cristianos separados, la Santa Sede no se pronunció sobre ellas, aunque el Papa copto Cirilo VI, consciente de que los hechos eran comprobados y públicos, nombró una Comisión para su estudio, cuyo veredicto reconoció que dichas Apariciones eran de la Virgen María.

El Obispo del lugar no dudó en afirmar: *"La Virgen María ha estado apareciendo ante nosotros por espacio de tres años. La escena era sobrecogedora. Nos bendecía a todos mientras un halo azulado rodeaba su cabeza. Personalmente vi seres brillantes alrededor de Ella".*

Akita (1973). Japón.

Los mensajes de estas manifestaciones marianas, parecidos en su contenido a los de Fátima, vuelven a advertir al mundo las grandes calamidades que sucederán en la Tierra si los hombres no rectifican su proceder.

"Caerá fuego del cielo y una gran parte de la humanidad será aniquilada. La única defensa que os quedará entonces será el rezo del Rosario".

La vidente de Akita, pequeña ciudad en la isla de Honshu al norte del Japón, es una monja catequista de las Siervas de la Eucaristía que al ingresar en la Orden cambió su nombre de pila, Katasuko Sasagawa, por el de Inés.

Estando en la capilla de su convento el día 6 de julio de 1973, observó un coro de ángeles adorando el Sagrario, mientras una brillante luz provenía de él. Poco tiempo después, la estatua de la Virgen, colocada detrás del altar, "*tomaba vida*" y comenzaba a hablar.

"*¿Es muy penosa la enfermedad de tus oídos?*", preguntó con dulce voz. Sor Inés padecía, en efecto, una sordera total, debida a una parálisis de los nervios auditivos, que le producían fuertes depresiones.

"*Ten paciencia, hija querida, puedes estar segura de que sanarás*".

En días sucesivos, la imagen de la Virgen lloró abundantemente con fluidez, de su mano derecha comenzó a manar sangre y un intenso olor a rosas se desprendía de Ella. Los mensajes que a partir de entonces dio a su vidente, estaban siempre relacionados con el Final de los Tiempos y con el castigo, condicionado, que sería aún más grave que el Diluvio Universal.

"*Si los hombres no se arrepienten, caerá fuego del cielo que aniquilará la tercera parte de la humanidad. Los supervivientes se encontrarán en tal desolación que envidiarán a los muertos. Sólo yo puedo salvaros de las calamidades que se avecinan*".

Monseñor Shojiro Ito, obispo de Niigata, autorizó en toda su diócesis la veneración a la Virgen de Akita, el 22 de abril de 1984, en espera del juicio definitivo de la Santa Sede, que por el momento se desconoce.

Betania (1976). Venezuela.

En una finca llamada Betania, enclavada en el centro de Venezuela, no sólo la vidente María Esperanza, sino también algunas de las personas que le acompañan, han podido contemplar, en repetidas ocasiones, las Apariciones de la Virgen María. El prodigio comenzó a suceder el 25 de marzo de 1976, y desde entonces la Virgen ha continuado haciéndose visible a muchos de los peregrinos que acuden hasta allí.

Cuando se cumplió el octavo aniversario de la primera Aparición, Nuestra Señora fue vista encima de una cascada de agua por más de cien personas, que se apresuraron a testificar ante el obispo del lugar, monseñor Bello, el milagro que acababa de suceder.

En Betania, la Virgen se presentó a sí misma como la *"Reconciliadora de todos los pueblos"*, pidiendo, a los hombres, que reconocieran en cada ser humano a su propio hermano; frecuentemente anuncia que la Segunda Venida del Señor, está muy cercana y suplica oraciones a fin de detener *"el horrible flagelo"* que se avecina.

"Está llegando la hora en que mi Hijo se presentará ante vosotros como Juez y como Salvador. No creáis que está lejano".

El obispo de Teques, bajo cuya jurisdicción recae la finca de Betania, admite que en el lugar donde las Apariciones se manifiestan puedan realizarse actos litúrgicos, mientras se espera con impaciencia el definitivo pronunciamiento de la Santa Sede.

Kibeho (1981). Ruanda.

Estas Apariciones africanas comenzaron el 28 de noviembre de 1981, en el comedor del internado de una Escuela de Magisterio, cuando Alfonsina, una de las alumnas, cayó en un profundo trance al contemplar a Nuestra Señora.

En días sucesivos, otras alumnas del Centro, compañeras de Alfonsina (Natalia, María Amparo, Estefanía y Vestina), tuvieron la misma experiencia y la Virgen, que se presentó a sí misma como *"La Madre del Verbo"*, empezó a enseñarles a rezar el Rosario *"de los Siete Dolores"*, pidiéndoles meditar sobre la Pasión de su Hijo. Dos personas más, Inés, de 22 años, y Segatashya, joven musulmán de 15, también comienzan a presenciar la Aparición de la Virgen y la de Nuestro Señor. Los siete videntes, que entran en trances profundos de varias horas de duración, escuchaban los mensajes por separado, aunque a partir del mes de enero de 1982, recibieron indicaciones para reunirse juntos en una gran explanada donde la gente les comienza a rodear, mientras ellos, al unísono, alcanzan el éxtasis.

Las Apariciones de Kibeho duraron hasta finales de 1983 y en el transcurso de este tiempo más de 20.000 personas pudieron contemplar los extraordinarios prodigios que sucedían en el firmamento, en especial la caída del cielo de una lluvia milagrosa que sanaba a los enfermos.

"La Madre del Verbo", una vez más, anuncia en sus mensajes que la llegada de su Hijo está cercana, advirtiendo que la Tierra se convertirá *"en un brasero de fuego"* si los hombres siguen obstinados en no acatar los mandamientos de Dios.

Monseñor Gahananyi, Obispo de Butare, creó dos Comisiones para el estudio de las Apariciones, una de ellas compuesta por sacerdotes y la otra por médicos. Al mismo tiempo, con intención de no bloquear el renacer espiritual suscitado por estos acontecimientos, autorizó el culto y las peregrinaciones en su Pastoral de 1988, en espera de que la Santa Sede dé su reconocimiento oficial y definitivo.

CAPÍTULO VII

APARICIONES DEL SIGLO XX EN EL EXTRANJERO, EN VÍAS DE ESTUDIO

Medjugorje, Peñablanca, San Nicolás, Padre Gobbi y Agoo

Medjugorje (1981). Antigua Yugoslavia.

A partir del 24 de junio de 1981, festividad de San Juan Bautista, se vienen repitiendo diariamente unas Apariciones de la Virgen María en la pequeña aldea de Medjugorje, enclavada en la región croata de Bosnia-Herzegovina.

Esta vez, el fenómeno aparicionista sucede en una nación de la Europa del Este, desde donde la Virgen, a través de sus videntes, hace un nuevo llamamiento de paz a los hombres de buena voluntad. Peregrinos llegados del mundo entero se reúnen en Medjugorje para rezar el Rosario y esta Oración comunitaria ha producido allí auténticas conversiones.

Es lógico, que en un país donde el ateísmo marxista ha dominado durante años, las Apariciones de la Virgen María

Fotografía del rostro de la extraordinaria imagen que se venera en la Iglesia Parroquial de Medugorje (Yugoslavia).

Nuestra Señora de la Paz de Medugorje, según un cuadro pintado por un artista de origen japonés.

hayan transformado hondamente la vida de los seis videntes que a diario conversan con Ella. Vicka, Mirjana, María, Iván, Ivanka y Jacov, cuyas edades oscilan entre los 19 y los 26 años, son los jóvenes que difunden los mensajes de Nuestra Señora, todos ellos concernientes al mundo actual.

Ninguno de los videntes ha tenido la menor duda sobre la veracidad de lo que comunican; dan su testimonio en un lenguaje sencillo, pero teológicamente perfecto, y todo lo que dicen entra dentro de la ortodoxia católica, de la fe y de la moral cristiana.

Los seis videntes mantienen una gran firmeza en no desvelar *"los secretos"* que Nuestra Señora les va comunicando, aunque saben que estos secretos, diez hasta el momento presente, tienen como destino el ser publicados algún día.

Cuando comenzaron estas Manifestaciones Marianas, el párroco de Medjugorje, fray Jozo Zovko, no aprobaba las tumultuosas reuniones de gente que allí se producían, tratando de acabar con ellas por todos los medios posibles. Más tarde, convencido ya de su autenticidad, ayudó personalmente a los videntes en todo momento, siendo por este motivo condenado a prisión por las autoridades marxistas.

Asimismo, el Obispo de Mostar, monseñor Zanic, bajo cuya jurisdicción recae la Parroquia de Medjugorje, aceptó las Apariciones en su inicio, aunque cambió bruscamente de opinión en 1982, ante la presión de la Jerarquía Diocesana que veía, con alarma, cómo aumentaba la popularidad de los padres franciscanos, especialmente cuando comenzaron a practicar un riguroso ayuno dos veces por semana, imitando el ejemplo de los videntes. Llevado por su inquietud, el obispo decidió viajar personalmente a Roma en 1986, con el propósito de solicitar a la Congregación para la Doctrina de la Fe, una condena definitiva de las Apariciones, petición que le fue denegada.

Buscando una explicación racional a todos los prodigios derivados de estas apariciones, un grupo de teólogos internacionales, acompañado por un equipo de médicos italianos, acudió a Medjugorje, a fin de estudiar *in situ* el comportamiento de los videntes yugoslavos.

Tras exhaustivas investigaciones llevadas a cabo con el máximo rigor científico, llegaron a la conclusión de que había que excluir cualquier tipo de engaño o de fraude en las actuaciones de los jóvenes visionarios. No se trataba de alucinaciones patológicas, individuales o colectivas, sino de estados de profundo ensimismamiento que les alejaba, momentáneamente, del mundo exterior que les rodeaba.

Postal de las apariciones de Medugorje, la Cruz Milagrosa, la Iglesia Parroquial, e imágenes de la Virgen María.

Al no lograr encontrar ninguna respuesta científica a estos complejos fenómenos, los médicos italianos optaron por identificarlos con los fenómenos descritos en la teología mística. Tampoco los médicos franceses, pertenecientes al equipo de la Universidad de Montpellier, encontraron estos éxtasis patológicos, al observar que el movimiento de los ojos de los videntes cesaba simultáneamente al iniciarse el trance, como si estuvieran en comunicación con algún ser invisible al que solamente ellos podían ver.

Las primeras Apariciones de la Virgen de Medjugorje, comenzaron en la colina de Pedbrdo, siempre a las seis y cuarto de la tarde, hora que ya fue la habitual en estas manifestaciones marianas. Más adelante, desde 1982 a 1985, Nuestra Señora se presentó en una pequeña habitación cercana a la sacristía de la iglesia, conocida hoy en día como la *Capilla de las Apariciones*, hasta el momento en que el Obispo de Mostar prohibió a los peregrinos seguir reuniéndose en aquel lugar. A partir de entonces, los videntes se reunieron en la casa parroquial, trasladándose en 1987 al coro de la Parroquia de San Giacomo, donde las apariciones continúan en la actualidad. En esta iglesia, siempre repleta de fieles, decenas de sacerdotes participan diariamente en la concelebración de la Eucaristía y en muchas otras celebraciones litúrgicas.

Ante la inesperada fuente de divisas proporcionadas por los diez millones de peregrinos llegados a Medjugorje hasta el momento presente, las autoridades comunistas tomaron la decisión de no seguir luchando en contra de las Apariciones, sino, muy por el contrario, ayudar a su difusión.

Así, con el fin de dar toda clase de facilidades a los visitantes, se comenzaron a construir albergues y centros ambulatorios; se adecentaron las carreteras y los caminos vecinales, se arregló la plaza de la iglesia, adornando su centro con una imagen de la Virgen María e incluso, en contra de sus normas habituales, se permitió a los peregrinos reunirse a rezar por las calles del pueblo y por las colinas de su alrededor.

En Medjugorje, como en tantas otras Apariciones marianas, se han producido fenómenos luminosos en el firmamento, que son imposibles de explicar desde un punto de vista racional. Miles de testigos afirman haber visto girar al sol dentro de un gran corazón, así como dar vueltas sobre su propio eje cambiando sus tonalidades. Es, también, un hecho comprobado, la frecuente desaparición de una enorme cruz de hormigón armado construida en el año 1933 sobre la cima de la colina de Kricevac; para ver aparecer, en su lugar, la luminosa figura de la Virgen María.

A pesar de ser tan numerosos y tan espectaculares estos insólitos prodigios, que indudablemente tuvieron un decisivo papel al inicio de las apariciones, en la actualidad los fenómenos han pasado a un segundo plano y el interés que despiertan es puramente especulativo. La Virgen María es lo único que allí importa. La Virgen María que se presentó a sí misma como *"Reina de la Paz"*, resumiendo en este título todo el contenido de sus mensajes.

"¡Paz, paz, paz! ¡Es necesario que los hombres se reconcilien entre sí!"

Ésta fue la primera advertencia dada por Nuestra Señora en Bosnia-Herzegovina, al tiempo que la palabra MIR, paz en croata, era visible por todos en el firmamento.

Aunque el Obispo de Mostar sigue en contra de las Apariciones, el Papa ha decidido transferir la decisión a la Conferencia Episcopal, que ya ha nombrado una comisión para su estudio.

Es indudable que la Aparición de la Santísima Virgen como *"Reina de la Paz"* en Bosnia-Herzegovina fue debida a la necesidad de que, **en aquel preciso lugar**, las gentes tenían que reconciliarse entre sí. De lo contrario, Nuestra Señora sabía que se desencadenaría una catástrofe de inmensas proporciones en aquella zona de la antigua Yugoslavia que Ella, por todos los medios posibles, quería evitar. Obviamente los hombres no la escucharon y el trágico vaticinio no tardó en cumplirse.

La soberbia humana, unida a la falta de fe, no dio crédito a los angustiosos avisos que la Virgen empezó a comunicar al mundo desde el año 1981, a pesar de ir unidos a portentosos fenómenos en el firmamento, visibles por todos los que hasta allí acudían.

"¡Paz en la tierra! ¡Es necesario que los hombres se amen entre sí!"

Estas palabras que Nuestra Señora pronunció en su primer mensaje, fueron el "*leiv motiv*" de sus demás comunicados, en su deseo de evitar que de Bosnia-Herzegovina surgiera el chispazo que podía iniciar una 3ª Guerra Mundial y hacer peligrar el futuro de la humanidad.

Peñablanca (1983). Chile.

Los mensajes que la Virgen comunica en su Aparición de Peñablanca, tienen siempre un marcado tinte apocalíptico, como si a través de ellos, Nuestra Señora quisiera preparar a los hombres para la llegada del final de los tiempos. "*La Dama Blanca de la Paz*", como se hace llamar, anuncia los tres días de tinieblas que precederán al castigo condicionado que espera a la humanidad. Terremotos, sequías, guerras, desastres ecológicos y enfermedades sin antídoto, son algunas de las señales que vaticinan la inminente llegada del Final de los Tiempos.

Los prodigios son especialmente espectaculares en estas Apariciones, donde la contemplación de la *Danza del Sol* en el firmamento es muy frecuente, así como las numerosas cruces luminosas que aparecen en el cielo.

Los prolongados trances del vidente Miguel Poblete, sus marchas extáticas y las comuniones místicas que recibe de manos de un ángel, atraen hasta aquel lugar a una gran multitud de gentes, que no pueden encontrar ninguna explicación racional a lo que allí contemplan.

La imagen de la Dama Blanca de la Paz, ha comenzado a peregrinar por el mundo entero, acompañada por un grupo de devotos, con el propósito de terminar en Rusia su recorrido.

San Nicolás de los Arroyos (1983). Argentina.

En la ciudad de San Nicolás de los Arroyos, al norte de Buenos Aires, Nuestra Señora se le aparece a Gladys Quiroga, casada con un obrero metalúrgico, madre de dos hijas y abuela de varios nietos.

El día anterior a la primera Aparición, la vidente, al igual que muchas otras personas de San Nicolás, observó con sorpresa que el rosario con el que rezaba se iluminaba repentinamente.

A partir de esta visita, la Virgen, bajo la advocación de *"Nuestra Señora del Rosario"*, pidió a Gladys ir a un lugar conocido como el "*Campito*", cerca del río Paraná, para mostrarle el exacto emplazamiento donde quería que se edificase una capilla. Un rayo de luz, caído del Cielo, indicó el lugar preciso.

Los mensajes recibidos por la vidente (1.800 en total) van acompañados de referencias bíblicas y Gladys, obedeciendo los deseos de la Virgen, comienza a estudiar las Sagradas Escrituras.

Pronto experimenta en su propio cuerpo los estigmas de la Pasión. Y es a partir de entonces (15-11-1983) cuando el Señor también se le aparece, vistiendo una túnica blanca.

En sus mensajes, alaba siempre a su Madre:

"Antes, el mundo fue salvado por medio del Arca de Noé, hoy el Arca es mi Madre. Por medio de mi Madre se salvarán las almas. Aquel que rechaza a mi Madre me rechaza a Mí.

La Virgen de San Nicolás de los Arroyos, apariciones aprobadas por el obispo de la Diócesis, D. Domingo Salvador Castagno.
También fueron aprobadas las de Betania en Venezuela y las de Akita en Japón, la primera por Monseñor Pio Bello Ricardo y la segunda por Monseñor Ito. Las tres fruto de una investigación personal de los obispos.

Pido al mundo que escuche a mi Madre. La maldad ha invadido la tierra y las tinieblas quieren cubrirlo todo. Mi Madre debe ser escuchada".

Jesús habla de María como *"la Mujer vestida de sol que lucha contra el dragón"*, en una clara referencia al capítulo 12 del Apocalipsis (Ap. 12, 13-17).

"El Señor ha marcado para estos tiempos un signo: La Mujer vestida de sol. Ella es la Esperanza a la que deben aferrarse sus hijos",

Las alusiones a una Segunda Venida de Cristo, son frecuentes y explícitas en los mensajes de San Nicolás de los Arroyos.

"La Humanidad está contaminada. La Venida del Señor es inminente. Nadie sabe la hora ni el día, pero vendrá. Los cristianos deben prepararse a recibirle. Cristo ganará la gran batalla, debéis estar alerta".

Desde el primer momento los mensajes de la Virgen y del Señor, fueron admitidos por monseñor Castagna, obispo de San Nicolás, al no encontrar en ellos nada opuesto a la verdad dogmática. Aunque aún no se haya recibido de Roma el reconocimiento jurídico de las Apariciones, el culto ha sido reconocido por el Obispo e incluso por el Arzobispo de Rosario, quien peregrinó hasta el Santuario de Nuestra Señora, con la finalidad de venerarla a orillas del río Paraná.

Padre Gobbi (1989). Italia.

El Movimiento Sacerdotal Mariano, fundado en Italia por el padre Esteban Gobbi, y difundido por el mundo entero, está compuesto por más de cien mil sacerdotes de diferentes Órdenes religiosas y por trescientos obispos deseosos de consagrarse al Corazón Inmaculado de la Santísima Virgen.

Cuando Nuestra Señora se apareció al padre Gobbi por primera vez en 1989, le advirtió que todo lo que iba a comunicarle, estaba dirigido a los sacerdotes de su Movimiento, con el propósito de prepararles para la gran misión que se esperaba de ellos en un futuro muy próximo.

La Virgen confirma en estos mensajes la llegada del tiempo anunciado en el libro del **Apocalipsis**, en el que la lucha entre *"la Mujer vestida de Sol"* y *"el Dragón Rojo", se encuentra cercana a su conclusión".* Así mismo, anuncia que en nuestro tiempo sucederá algo tan grandioso como jamás ha sucedido desde el principio del mundo y pide, con angustia, que sus mensajes lleguen a todos los rincones de la tierra, para que los hombres se preparen a la llegada de la Segunda Venida de Cristo, *"más cercana de lo que podáis imaginar.*

¡Proclamad en todas partes el retorno de mi Hijo! Es inminente y por ello las señales de la gran tribulación, descritas en los Libros Sagrados, estamos viéndolas ya: Apostasía general, trastornos de orden natural, grandes sequías, males incurables, inundaciones, guerras sangrientas a pesar de los esfuerzos para conseguir la paz...

El Espíritu Santo bajará como fuego, pero de un modo distinto a su anterior venida. Será un fuego purificador que renovará la tierra desde sus mismas entrañas".

La Virgen también advierte que las señales que se dan, actualmente, en el sol, la luna y las estrellas son una confirmación más de la llegada del Final de los Tiempos.

"El milagro del sol fue la señal que os di en Fátima por primera vez, para deciros que la hora ya ha llegado. En todas mis Apariciones podréis contemplar los grandes prodigios que se están realizando en el firmamento".

El P. Gobbi,
fundador del
Movimiento
Sacerdotal Mariano.

El P. Gobbi,
dirige la palabra a
los fieles de S. Nicolás
de los Arroyos junto
al gran apóstol mariano
P. Silvio Venturini

Más recientemente Nuestra Señora comenzó a explicar al padre Gobbi el significado del libro del **Apocalipsis,** último libro dogmático escrito por el apóstol San Juan en la isla de Patmos, cuyos símbolos son interpretados con tanta dificultad. De acuerdo con estas enseñanzas el *Dragón Rojo* es quien seduce a las naciones con el propósito de crear una nueva civilización sin Dios, hedonista, árida y materialista. Por el contrario *"la Mujer vestida de Sol"* es quien lucha contra él para que los hombres no sucumban al mal y glorifiquen a Dios. La Virgen, después de aclarar al padre Gobbi el significado del número del *Anticristo* -666-, el de la *Nueva Jerusalén* y el de la *Corona de las Doce Estrellas,* insiste, nuevamente, en la llegada del Señor.

"Pero no temáis; no sintáis miedo ni tristeza. Tenéis que vivir los momentos actuales con la simplicidad de los niños y abrir el corazón al Cristo que llega".

Fue especialmente importante el mensaje transmitido el 18 de septiembre de 1988, durante la celebración de un Cenáculo para sacerdotes y seglares que tuvo lugar en Lourdes, en donde la Virgen Santísima pidió que se le consagrase *"un periodo de diez años"* a partir de aquel día.

"Pido que paséis conmigo ***estos diez años,*** *que son decisivos porque* ***entráis en el periodo final*** *del Segundo Advenimiento que conduce a la Gloriosa Venida de mi Hijo.*

Durante este periodo de tiempo (1988-1998) se cumplirá la Gran Tribulación, que os ha sido predicha en la Sagrada Escritura y se manifestará el Misterio de la Iniquidad, preparado para la difusión de la Apostasía General.

También se cumplirán mis profecías, a partir de La Salette, y se harán realidad los Secretos revelados a algunos de mis hijos y todos los acontecimientos predichos por Mí.

Es necesario que os dejéis formar por mi acción Materna para prepararos a recibir al Señor que viene".

Agoo (1993). Filipinas.

Unas nuevas Apariciones de la Virgen María que esta vez tienen lugar en el pueblo de Agoo, provincia de Laguna, al norte de la isla de Luzón, vienen a sumarse a la lista de manifestaciones marianas, extendidas en la actualidad por el mundo entero.

Ya en 1989 el vidente filipino Judiel Nieva, entonces de 12 años de edad, había recibido la visita de Nuestra Señora, quien le comunicó que el 6 de marzo de 1993 volvería de nuevo ante él con el fin de darle importantes mensajes.

Después de esta Aparición, y siguiendo las indicaciones del vidente, se mandó tallar una imagen de la Virgen tal y como él la había contemplado, que fue trasladada a la Basílica de la Inmaculada Reina del Cielo y de la Tierra, situada a 15 kilómetros del lugar donde se manifestó por primera vez.

El 6 de marzo de 1993, cumpliendo así con la promesa dada cuatro años antes, la Virgen María se apareció nuevamente ante Judiel Nieva en una pequeña colina cercana al pueblo de Agoo, conocida desde entonces como "*la Colina de las Apariciones*". En esta ocasión, no sólo el vidente sino también algunas de las personas que le acompañaban, pudieron contemplar a Nuestra Señora, vestida con una túnica blanca, cubierta su cabeza con un velo azul, mientras daba su primer mensaje: *"Satán ya está en el mundo. Rezad el Rosario para que no sea él quien venza en esta terrible lucha entre el Bien y el Mal"*.

Desde el primer momento los prodigios que comenzaron a derivarse de la manifestación fueron de una espectacularidad inusitada. Lluvia de pétalos de rosa con el rostro de la

Virgen grabado en ellos, caían sobre la tierra esparciendo su intenso aroma. Estrellas refulgentes formaban en el cielo dibujos de gran belleza. El sol, cambiando sus tonalidades, giraba vertiginoso sobre su propio eje. El propio vidente, cuyos mensajes reflejaban cada vez una angustia mayor, empezó a recibir la "*Comunión Mística*" de manos de Nuestra Señora, visible en su boca por todos aquellos cercanos a él.

Los testimonios de los peregrinos congregados en aquel lugar comenzaron a ser innumerables. El Presidente del Senado filipino, D. Ernesto Maceda, el ex-Ministro de Información y Turismo, don José Aspiras y el senador Joe Venecia, fueron algunas de las personalidades que dieron fe de estos hechos. Igualmente el Gobernador de Zambales, D. Vicente Magsaysay, y D. Eduardo Cojuanco, primo de la ex-Presidenta de Filipinas, Corazón Aquino, declararon haber presenciado la caída desde el cielo, de los pétalos de rosas.

También las cámaras de vídeo pudieron captar estos fenómenos, que después eran proyectados a quienes, al no haberse desplazado hasta aquel lugar, no habían tenido ocasión de observarlos personalmente. El Obispo de Bahani, la Superiora del Colegio de Santa Catalina y numerosos religiosos de distintas Comunidades, se encuentran entre ellos.

Aunque las Manifestaciones de la Virgen estaban centralizadas en *"la Colina de las Apariciones"*, Nuestra Señora comenzó a ser vista en otros lugares cercanos. Así, en el pueblo de San Fernando su silueta fue contemplada sobre un árbol de guayaba envuelta en luces amarillas y rojas; del mismo modo se dejó ver en la ciudad de San José, ante miles de personas, al tiempo que el sol giraba velozmente en el firmamento.

No resulta exagerado afirmar, que todo el archipiélago filipino está conmocionado con lo que allí sucede si además, a esto se añade que muchas imágenes de la Virgen, en distintos lugares del país, han comenzado a llorar lágrimas de Sangre. Dichas lágrimas, de las que se tomaron muestras para enviar a los laboratorios, corresponden al tipo *"0"* de la sangre humana.

Ante tal cúmulo de extraordinarios sucesos, fray Roger Cortés, director espiritual del vidente, informó a monseñor Lago, Arzobispo de la Unión, quien se apresuró a convocar a una Comisión Eclesiástica a fin de estudiar los hechos. Por el momento el Arzobispo se ha reservado su opinión, en espera del veredicto oficial de la Iglesia, aunque no haya prohibido la asistencia de los fieles al lugar de las Apariciones al ser consciente de lo mucho que se ha fortalecido la fe de todos los que allí acuden: *"Si lo que está sucediendo es obra de los hombres, acabará por sí sola. Si, por el contrario, es obra de Dios, nada ni nadie podrá contra ella"*, declaró monseñor Lago, con palabras de Gamaliel, el maestro de San Pablo.

En un país de profundas raíces cristianas, donde el 80% de sus habitantes profesan la religión católica, no es de extrañar que más de tres millones de personas hayan acudido ya a la *"Colina de las Apariciones"* con el fin de unir sus plegarias por la salvación del mundo. Es de admirar la actitud tomada por el actual Presidente de Filipinas, el general Fidel Ramos, quien, a pesar de no profesar la religión católica, ha ordenado a la policía y al ejército dar a los peregrinos la máxima protección y asistencia.

CAPÍTULO VIII

MONSEÑOR MILINGO.
APARICIONES DEL SEÑOR A SOR ANNA ALI.
MILAGROS EUCARÍSTICOS.
SÁBANA SANTA (La Síndone de Turín).

Monseñor Emmanuel Milingo, arzobispo y sanador.

Monseñor Emmanuel Milingo, ex arzobispo de Lusaka, nació el 13 de julio de 1930 en Mnukiva, pequeña aldea de la República de Zambia. Analfabeto hasta los trece años, inició sus primeros estudios en la misión de Santa María, dirigida por los Padres Blancos, ingresando más tarde en el seminario de Malawi, de donde saldría en 1958 para ser ordenado sacerdote. Posteriormente perfeccionó su educación religiosa en Roma, donde realizó un curso sobre doctrina social de la Iglesia Católica, completando sus estudios en la Universidad de Dublín hasta su definitivo regreso a Zambia en 1963. Seis años después de su llegada a su país natal, Milingo fue consagrado arzobispo de Lusaka por el Pontífice Pablo VI, convirtiéndose así en el primer arzobispo zambiano y en una de las personalidades más relevantes en la jerarquía eclesiástica africana.

Hombre de unas extraordinarias cualidades humanas y poseedor de una vasta cultura sobre una sólida formación académica, al ser teólogo, filósofo, escritor consumado y licenciado en Ciencias Sociales, el nuevo arzobispo de Lusaka descubrió -poco después de ser consagrado- sus grandes poderes curativos, no dudando en ejercerlos públicamente a pesar de ser consciente del rechazo que podrían provocar estos dones carismáticos. Pronto se vio rodeado de una gran multitud de enfermos atraídos por las inexplicables curaciones que estaba comenzando a realizar entre pacientes previamente desahuciados por la Medicina convencional. Como era de esperar, la creciente fama de monseñor Milingo como curandero, unida a la extensa relación de sus ya muy numerosos *"milagros"*, no tardó en llegar al mismo Vaticano, causando allí la natural inquietud al tiempo que estallaba una fuerte polémica suscitada por estas insólitas actividades arzobispales

Surgió lo inevitable. Emmanuel Milingo fue finalmente llamado a Roma para una *"reflexión teológica"*, y aunque su llegada causó una gran expectación general, permaneció retirado en el convento de los Padres Pasionistas esperando pacientemente a que se decidiera su futuro. Durante los largos meses que duró el proceso eclesiástico del arzobispo de Lusaka, los teólogos del Vaticano quedaron desconcertados al encontrarse ante la presencia de un hombre bondadoso y sencillo, cordial y acogedor, dotado de una humanidad desbordante, profundamente convencido del carácter sobrenatural de sus anteriores curaciones, y dedicado plenamente a la oración. Con el fin de poder examinar con mayor profundidad la obra de este singular arzobispo africano, se constituyó una comisión especial que, a pesar del rigor de sus procedimientos, no encontró en sus escritos el más leve error teológico al estar todos ellos en absoluta concordancia con los dogmas y las enseñanzas de la Iglesia Católica.

De igual modo, monseñor Milingo fue sometido a una exhaustiva revisión médica, dictaminándose finalmente que su estado de salud era excelente, tanto en el aspecto físico como en el psíquico. A lo largo de todo este proceso no pudo encontrarse ninguna anomalía en la persona del arzobispo, como tampoco ningún error o desviación en el plano teológico; sin embargo, la resolución final de la comisión creada para el *"caso Milingo"* fue tan tajante como negativa: Monseñor Milingo no sería excomulgado por la Iglesia Católica, aunque se le prohibía regresar a su país natal por no considerarle apto para continuar al frente de su Archidiócesis africana. ¿Se declaró el arzobispo en rebeldía? No, por el contrario, esta severa orden fue acatada y aceptada por él sin formular crítica alguna ni manifestar la más leve queja, e incluso llegó a justificar la sentencia ante los periodistas que quisieron conocer su parecer al respecto: *"El que no se me permita regresar a mi Archidiócesis de Lusaka es una decisión correcta teniendo en cuenta que a mucha gente no le parece bien que un arzobispo participe en este tipo de sanaciones. También considero correcto el que la Iglesia esté atenta a casos como el mío, para evitar que las cosas vayan demasiado lejos. Mi presencia en Zambia causaría gran conmoción en los fieles que me están esperando y si yo regreso a mi país miles de personas acudirían a verme. Nuevamente se me volvería a acusar de lo mismo porque yo no puedo renunciar a un don que es bueno para mis hermanos que sufren"*.

La incómoda situación por la que pasaba el ex arzobispo africano se suavizó un año más tarde al ser recibido en audiencia privada por el Papa Juan Pablo II, quien le concedió autorización para poder imponer sus manos de nuevo, una vez a la semana, a todos aquellos enfermos que así lo solicitasen. Asimismo, el cardenal Martini, arzobispo de

Milán, le autorizó a encontrarse con los enfermos de su Archidiócesis, e incluso el prestigioso diario italiano **"L'Osservatore Romano"**, uniéndose a estos importantes apoyos, publicó en primera plana una fotografía de monseñor Milingo junto a Juan Pablo II. En cuanto a la Santa Sede, dando igualmente pruebas de buena fe, le nombró *"delegado especial de la Comisión Pontificia para la Migración y el Turismo"*, cargo que aún ostenta en la actualidad.

En su interesante libro **"Los orígenes de mi don de curación"**, Emmanuel Milingo detalla minuciosamente su reacción de sorpresa cuando descubrió que era poseedor de poderes curativos. A continuación explica cómo, tratando de encontrar una explicación válida a este prodigioso hecho, comenzó a buscar la respuesta en la lectura de la Biblia llegando así al convencimiento de que si la Palabra de Dios fue tan eficaz para los cristianos de los primeros tiempos, lógicamente, tendría que tener la misma fuerza y el mismo valor para los cristianos del siglo XX; de este modo, todos los milagros y las manifestaciones sobrenaturales ocurridas entonces, podrían realizarse igualmente ahora.

Para monseñor Milingo, los Evangelios y los Libros Sagrados no deben de limitarse a ser considerados tan sólo como fuentes históricas que contienen documentos, sino que además deben de ser utilizados como verdaderos manuales de acción práctica. Su punto de partida fue el capítulo XV del Evangelio de San Juan, al leer una de las frases pronunciadas por Jesús: *"Yo soy la Vid y vosotros los sarmientos"*. Si el Señor es la *"Vid"* y nosotros los *"sarmientos"*, será porque nuestra vida proviene de Él y, por tanto, del mismo modo que Él nos la transmite también nosotros podremos transmitirla a todos aquellos que la necesitan. Basándose en tan sencilla idea, el arzobispo Milingo decide poner en práctica sus dotes de curación, imaginando ser un canal a través del cual fluye la fuerza del Señor para ser llevada a los enfermos mediante la imposición de sus manos.

Ante el pleno convencimiento de que muchas enfermedades físicas vienen provocadas por algún profundo desorden interior, monseñor Milingo, al imponer sus manos, busca ante todo la curación del alma, preparando previamente al paciente para una reconciliación con Dios mediante el perdón de sus pecados. Si la enfermedad es, en definitiva, el estado final producido por una desarmonía interna, la curación del espíritu deberá aportar la curación física y, por tanto, el arzobispo, al actuar sobre el paciente, está restaurando al mismo tiempo aquello que ha podido ser dañado en su alma.

Gran defensor de la Medicina tradicional, basada en el conocimiento de las propiedades curativas de ciertas plantas, hierbas y raíces medicinales, Milingo utiliza, todos estos elementos naturales, con el convencimiento de que la Naturaleza es un libro viviente lleno de sabiduría.

Durante su largo ministerio, el arzobispo sanador ha tropezado con numerosos casos de posesiones diabólicas y, por ello, es frecuente oírle prevenir contra este terrible peligro: *"La lucha de Satán contra el Hijo de Dios no tiene tregua, pero los hombres no están conscientes de ello convirtiéndose en víctimas inermes del Enemigo"*. Sin embargo, el poder de Dios es superior a cualquier otro, por ser Dios el Creador del Universo, al tiempo que Cristo, mediante su Pasión, Muerte y posterior Resurrección, venció para siempre al Demonio, y entregó a la Humanidad un mensaje de amor y de esperanza.

Aparición del Señor a sor Anna Ali (1987)

Anna Hadija Ali, cuya vida estuvo tan influenciada por monseñor Milingo, nació en Kipkelión, Kenia, el 29 de diciembre de 1966, hija de padre musulmán y de madre católica. Bautizada a los 13 años, hizo a continuación la Primera Comunión, sintiendo en su corazón un gran amor hacia la Eucaristía, cuando por primera vez recibió el Cuerpo del Hijo de Dios.

A la edad de 17 años, Sor Ana, que desde niña sufría incurables hemorragias en los dedos de las manos y de los pies, oyó hablar de monseñor Milingo, recién llegado a Nairobi con el fin de participar en un ciclo de sanación. Decidida a verle se trasladó a la capital de Kenia, donde le encontró en una iglesia en la que se imploraba por la curación espiritual y física de los allí reunidos. Al acercarse a él, Milingo impuso sus manos sobre la frente de la enferma mientras musitaba una breve plegaria, al término de la cual, Anna cayó al suelo perdiendo el conocimiento. Cuando más tarde volvió a recobrarlo, observó con emoción, que sus extremidades habían dejado de sangrar.

La impresión tan grande que le causó esta milagrosa curación, la llevó a tomar los votos de religiosa en la Congregación de las hijas de Jesús del Buen Pastor, una de las Órdenes fundadas por el propio monseñor Milingo. Con este propósito viajó de Kenia a Roma, para hacer su postulado en el convento que la Congregación tenía en Puerta Angélica. Allí, desde el primer momento, Anna comenzó a tener experiencias espirituales de una gran trascendencia, que fueron acrecentándose a medida que iba descubriendo la riqueza escondida en el interior de su alma.

En el mes de mayo de 1987, sor Anna, caída en profundo trance, vio aparecer ante ella una Sagrada Forma suspendida en el aire, cuya sombra se reflejaba en la pared de su celda. Relató a su superiora este hecho extraordinario recibiendo órdenes de sacar una fotografía de lo que viera, en caso de que sucediese nuevamente, para mostrar la evidencia del prodigio. Cuando el milagro volvió a repetirse, así lo hizo sor Anna, quedando la Sagrada Hostia plasmada en el papel.

El día 1º de agosto de 1987, Nuestro Señor Jesucristo, llorando lágrimas de sangre, apareció por vez primera ante su vidente, envuelto en un gran resplandor que iluminó por completo la celda donde se encontraba.

"La luz que rodea al Señor es azul como el Cielo. Sus cabellos son oscuros y brillantes; viste una túnica roja".

Con estas palabras, sor Anna describió a su Superiora esta manifestación, que nuevamente volvió a repetirse, un mes más tarde, en la Festividad del Nacimiento de la Virgen María. El Señor dio comienzo a sus revelaciones, dando su primer mensaje, de los 195 que le comunicaría; confió a la novicia el gran sufrimiento que sentía al ver tantas almas por las que Él derramó su Sangre en vano; se entristeció por la escasa vida espiritual de las almas consagradas y advirtió que el Santo Sacrificio de la Misa corría el peligro de ser abolido en breve.

A pesar de que los mensajes de Nuestro Señor concluyeron el 23 de octubre de 1988, sus apariciones continúan hasta la fecha, siendo minuciosamente descritas por sor Anna en su libro "**Apello Divino**", publicado en Roma en 1993, en el que describe con emoción lo que para ella supone ver al Hijo de Dios.

"Ante su presencia uno se empequeñece. Ante su santidad uno se siente miserable".

El día del Corpus Christi de 1988, el Señor se presentó por vez primera llorando lágrimas de sangre. Era la Festividad del Misterio de la Eucaristía, instituido por Él el Jueves Santo en su Última Cena, cuando después de bendecir el Pan y el Vino, atestiguó con claras palabras, que entregaba a sus Apóstoles su propio Cuerpo y su propia Sangre. A partir de esta aparición, también la vidente comenzó a derramar lágrimas de sangre todos los miércoles del año, desde la medianoche hasta las primeras horas de la madrugada del día siguiente.

El 28 de marzo de 1991 sor Anna, recordando las órdenes de la madre Superiora, sacó una fotografía del rostro del Señor, al verle nuevamente aparecer en su celda, la cual, al ser revelada, mostró la faz de Cristo con expresión de dulzura, aunque sus ojos reflejaban profunda tristeza.

"Hija mía, reza tú y haz que otros recen. De este modo la cólera de Dios se apagará".

La vidente sigue experimentando en la actualidad, los mismos fenómenos místicos que se le iniciaron hace siete años; pasa la noche en oración y, en esta vela, recibe enseñanzas del Señor relacionadas con la Eucaristía, el Misterio más grande de cuantos han existido, definido en el Concilio de Trento.

"Después de la Consagración del Pan y del Vino se contiene real y substancialmente a Nuestro Señor Jesucristo, Dios y Hombre verdadero, junto con su alma y su divinidad, bajo las apariencias de aquellas cosas sensibles".

La Virgen María también habla en sus apariciones actuales del alcance tan inmenso de este Sacramento, al que, añade con amargura, *"no se le da importancia".*

En efecto, nadie mejor que María llegó a comprender la grandeza de la Eucaristía, ni nadie, mejor que Ella, llegó a vislumbrar con mayor acierto que la Eucaristía era el complemento de la obra Redentora de su Hijo. La Virgen María fue quien, con su colaboración y su eficacísimo ***ASÍ SEA,*** hizo posible que Jesús se encarnara entre los hombres. No para vivir, sino para darnos la Vida Eterna después de su Muerte y quedarse con nosotros bajo la forma sacramentada.

* * *

Santísimo Misterio de Daroca

Esta presencia, real y verdadera, del Hijo de Dios en el Sacramento de la Eucaristía, ha quedado confirmada a través de innumerables milagros, siendo "***el Misterio de los Corporales de Daroca***", el más importante de los habidos en España. Sucedió durante el reinado de Jaime I el Conquistador, el día 23 de febrero de 1239, cuando los Tercios de Teruel, Daroca y Calatayud, se disponían a conquistar el castillo de Chio, a tan sólo tres leguas de Játiva. El capellán de la Iglesia de San Cristóbal, de Daroca, mosén Mateo Martínez, estaba celebrando la Santa Misa cuando un inesperado ataque sarraceno le obligó a suspender la ceremonia, después de haber consagrado en ella seis Formas, destinadas a los seis capitanes de dichos Tercios. Ante esta situación, el religioso decidió envolver las Sagradas Hostias con el lienzo de unos corporales para después esconderlas entre el pedregal del monte, donde fueron halladas, cubiertas de sangre, una vez finalizada la contienda.

De común acuerdo se decidió sortear la posesión y custodia de esta reliquia, cayendo la suerte por tres veces consecutivas en la Villa de Daroca, situada en el límite de la provincia de Zaragoza. Sin embargo, al no quedar satisfechos con la decisión los capitanes de los Tercios de Teruel y Calatayud, se acordó colocar los Santos Corporales dentro de una arqueta y cargarla sobre una mula ciega para que fuera la Divina Providencia quien señalase el lugar exacto de la custodia, en aquel punto donde dejase de caminar.

La partida, iniciada en Valencia, continuó por Játiva y Teruel, atravesando Daroca, camino de Calatayud; aquí, la mula, que se había negado a tomar alimentos durante el trayecto, volvió de nuevo a Daroca y cayó muerta a sus puertas, cerca del Hospital de San Marcos, quedando los Sagrados Corporales, desde ese día (7 de marzo de 1241), definitivamente vinculados a la historia de la ciudad.

Monarcas y personajes notables fueron a Daroca a contemplar el Milagro, comenzando por el rey Jaime I el Conquistador, quien hizo entrega a la Villa de su estandarte de batalla. En 1414 el apóstol valenciano San Vicente Ferrer también adoró los Corporales y predicó las maravillas del Corpus Christi.

Los Reyes Católicos visitaron varias veces la localidad, como consta en su archivo parroquial, uno de los más antiguos de España; dando una prueba más de su devoción, los Monarcas hicieron donación del relicario interior de los Corporales, labrado en oro, traído de América con este fin. Asimismo donaron una magnífica tabla, en la que aparece el rey Fernando el Católico acompañado de su hijo don Juan, a la edad de catorce años, cuyo valor histórico es considerable, al haberse puesto tantas esperanzas en el príncipe heredero, que fallecería en Salamanca cinco años más tarde. El Emperador Carlos V y su esposa Isabel de Portugal, se personaron en Daroca, el 20 de enero de 1532, como también lo hizo Felipe II en el año 1585.

La contemplación de las seis Sagradas Formas, teñidas en sangre, y adheridas al lienzo de los Corporales, deja el alma sobrecogida al mostrar, tanto al creyente, como al que no lo es, el milagro visible de la Eucaristía. Ya lo dijo Fray Luis de Granada en 1559, refiriéndose a este Misterio: *"Para probar su verdad no son menester más testigos que los ojos de los que los ven"*.

La Sábana Santa.

El rostro de Jesús, que quedó plasmado por sor Anna Ali, el 28 de marzo de 1991, con su sencilla cámara fotográfica, es el mismo reflejado en la Sábana Santa, aunque representa a un hombre más joven que aún no ha sufrido los tormentos de la Pasión.

La Sábana Santa, (también llamada *"la Síndone")*, que se encuentra en Turín, fue la mortaja en la que se envolvió el Cuerpo de Cristo después de su Muerte en la Cruz. Compuesta de un tejido muy resistente, de lino amarillento,

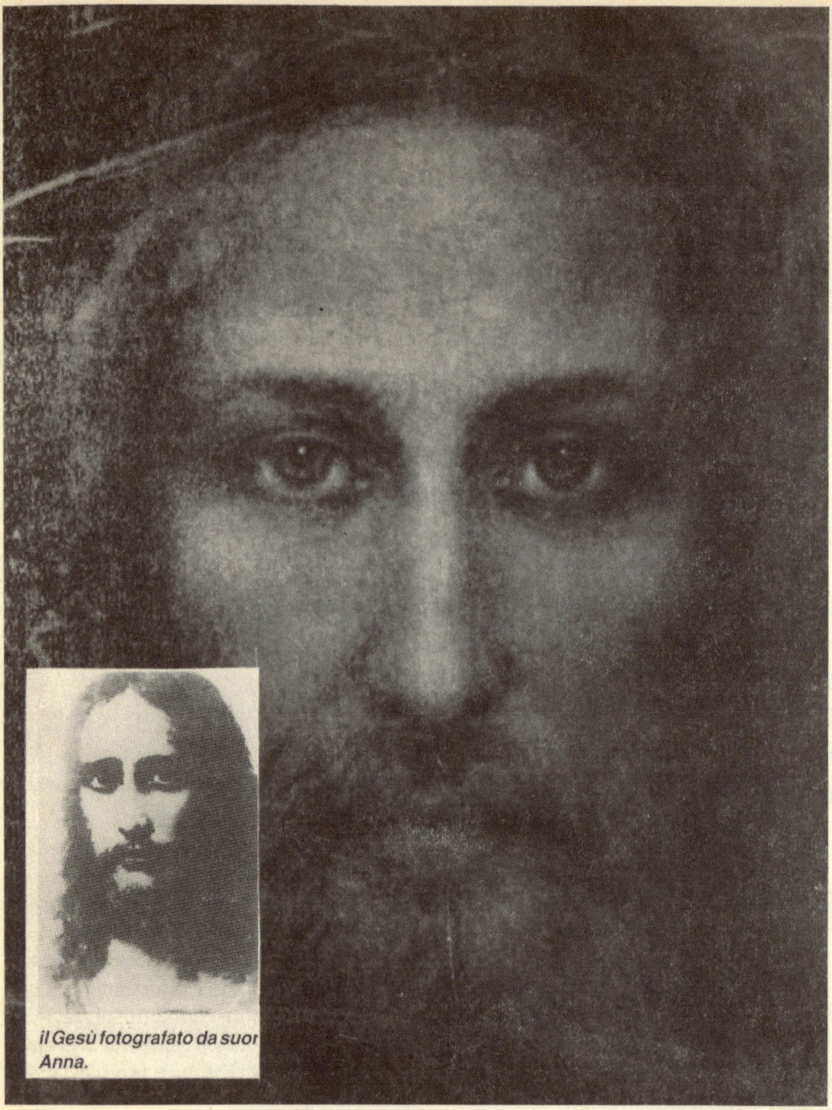

Retrato del pintor Aggenian, inspirado en el rostro de Cristo, que se formó en la sábana santa. La interpretación pictórica fue hecha en el año 1935. Cumpliendo órdenes superiores, una joven monja keniana, Sor Anna Ali, año 1987, retrató al Señor cuando se le apareció, y al revelarse la fotografía quedó impreso Su rostro, tal como se publicó en una revista italiana y que aquí reproducimos.

se conserva en perfecto estado, a pesar de los dos milenios transcurridos desde que se utilizó. Las pruebas del Carbono 14 a las que recientemente fue sometida, han sido fácilmente refutadas por medios científicos, sin que exista la menor duda sobre su autenticidad. Los estudios que confirman que Nuestro Señor Jesucristo fue amortajado en ella, como los Evangelios confirman, son innumerables:

1º. Entre los hilos de lienzo se han encontrado restos de mirra y áloe, dos de las sustancias con las que se embalsamó el Cuerpo muerto de Cristo al ser descendido de la Cruz.

2º. Asimismo se encontró polen de plantas de aquel tiempo y de aquellos lugares, muchas de ellas desaparecidas después del siglo I.

3º. Las manchas de sangre que quedaron impresas en el lienzo, pertenecen a un ser humano del grupo sanguíneo AB, muy corriente entre los hebreos del Oriente Medio.

4º. Dichas manchas por su posición en el cuerpo que quedó plasmado, reproducen con exactitud las diversas etapas del martirio de Cristo en el transcurso de su Pasión, tanto las heridas que fueron producidas cuando aún estaba vivo, como la causada en el costado derecho al clavarle la lanza, después de haber muerto.

5º. Se ha podido confirmar que el hombre amortajado en la Sábana Santa cargó sobre su espalda un pesado madero que le produjo profundas contusiones.

6º. Existen huellas en los pies y en las manos demostrando que fue clavado en una cruz; las manos fueron clavadas a través de las muñecas y no de las palmas, quizá por ser éstas más débiles y correr el peligro de desgarrarse con facilidad.

7º. El casquete de espinas que le fue colocado sobre la cabeza le produjo profundos orificios de sangre en toda su frente.

8º. Sobre los ojos del cadáver destacan las marcas de dos monedas, llamadas *leptones*, acuñadas en tiempo de Poncio Pilato que circularon por Palestina entre los años 26 a 36.

Todos estos datos dan la certeza absoluta de que el hombre envuelto en la Sábana Santa fue Jesús de Nazaret, el Hijo de María.

En relación a la imagen tridimensional de su Cuerpo, que quedó impresa en la Sábana como si se tratase de un **negativo de fotografía**, los estudios realizados por la S.T.U.R.P. (Shroud of Turín Research) sobre este misterio, afirman: *" Una desconocida radiación calórica y luminosa quemó por un brevísimo instante el lienzo que envolvía el cuerpo; sin destruirlo, pero dejando en él las marcas impresas que han llegado hasta nuestros días".* Esta interpretación coincide con el informe de los científicos de la NASA quienes, así mismo manifestaron: *"La repentina aparición de una energía desconocida por la ciencia actual que brotó del* ***cuerpo muerto****, hizo que éste quedara plasmado en el lienzo que le cubría".*

La cara del Señor, así como la fotografía tridimensional de su cuerpo, lograda por el doctor Tamburelli de Turín, muestran a un hombre anatómicamente perfecto, de 1'80 de estatura, 80 kilos de peso, en posición extendida, con los brazos cruzados, cabellera espesa con raya en el centro, barba pequeña, nariz rectilínea, frente amplia y rostro alargado.

Ha sido, también, ampliamente estudiado el paño que cubrió el rostro de Cristo cuando fue trasladado su cuerpo desde el Gólgota hasta el sepulcro; esta reliquia, que se conserva en la catedral de Oviedo desde el siglo XIX, es una prueba más de la autenticidad de la Sábana Santa. Por medio de diapositivas superpuestas, monseñor Julio Ricci, ha podido demostrar que las huellas de sangre de los dos lienzos concuerdan exactamente y esta coincidencia, sólo se explica, si ambos cubrieron la misma cara. En efecto, primero fue cubierta por *"el Pañolón"* que no tiene ninguna imagen impresa, sino sólo las huellas de las heridas infringidas en el rostro de Cristo; después, por la Sábana Santa, donde las manchas son idénticas pero en la que el rostro ya quedó plasmado por efecto de la energía que brotó de su cuerpo en el momento de su Resurrección.

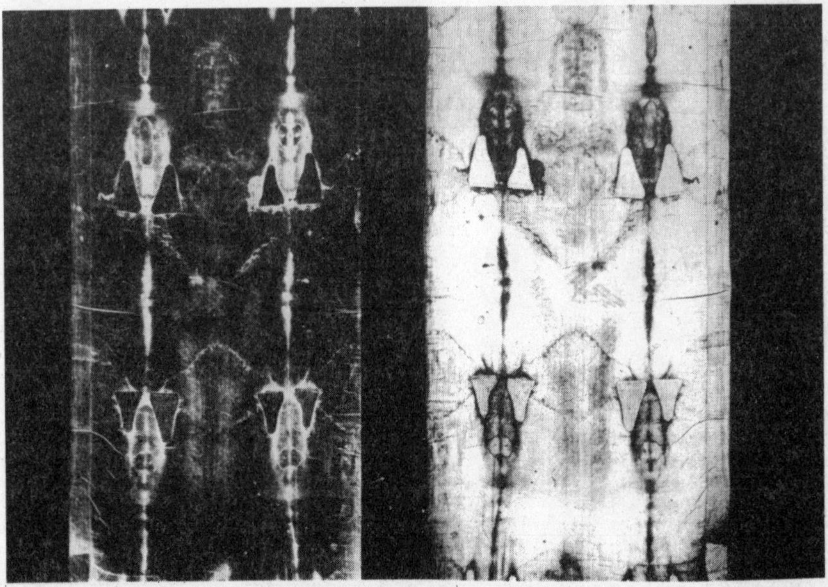

El cuerpo extendido de Jesús en el Sepulcro, reflejó su imagen en la Sábana Santa. Se interpreta que fue en el momento de la resurrección cuando se produjo este fenómeno.

CAPÍTULO IX

REFLEXIONES FINALES

Ante un nuevo milenio, El Final de los Tiempos, Profecías y Señales, Tercer Secreto de Fátima y Segunda Venida de Cristo (Parusía)

Nos encontramos a las puertas de un nuevo milenio y ello nos invita a reflexionar sobre la actual situación del mundo y también a preguntarnos hacia dónde va caminando la humanidad. Es indudable que nuestra actual civilización está cada vez más avanzada en todo aquello referente a los campos de la ciencia y de la tecnología; sin embargo, estos avances van unidos a una progresiva disminución de los valores éticos y morales por lo que los resultados, inevitablemente, son desalentadores. El alarmante vacío espiritual es la causa fundamental de todos los males y crueldades del mundo actual.

Estamos viviendo unos tiempos decisivos, con un presente angustioso y un futuro cargado de amenazas y calamidades. En el mundo hay hambre, guerras, revoluciones y terrorismo; por si todo ello no fuera suficiente, muchos avances científicos, que no van unidos a la ética y a la moral, pueden producir situaciones imprevisibles difíciles de controlar.

En muchas de las nuevas técnicas de ingeniería genética los seres humanos están siendo tratados como meros objetos experimentales, olvidando que el hombre es un acto creativo de Dios, sin reducirse, tan sólo, a ser un amasijo de órganos y tejidos. Éste es el caso de alguna de las actuales manipulaciones *"in vitro"* donde se ha ensayado la fecundación de embriones humanos con otros de animales. ¡Qué decir de los actuales experimentos de clonación de embriones humanos! El recientemente llevado a cabo en los laboratorios de la Universidad americana George Washington, por los científicos Jerry Hall y Robert Stillman, va en contra de la ley natural y del plan Divino, al intentar crear *"copias"* de seres humanos violando todos los principios éticos y morales. Permitir que estas prácticas aberrantes, continúen su curso podría traer consecuencias aterradoras. En su soberbia satánica el hombre piensa que, al igual que Dios, también él puede crear.

La legalización del aborto y la eutanasia, derivan, igualmente, de este desprecio actual hacia la vida humana. El aborto significa el asesinato del ser inocente que la propia naturaleza ha confiado a unos padres para su protección y defensa. Desde el momento mismo de la fecundación comienza la existencia de ese nuevo ser, al que se le debe reconocer todos sus derechos, en especial el inviolable derecho a la vida. Una sociedad que se considera humana no puede permitir que a nadie se le niegue el derecho a nacer, por mucho que lo quiera justificar. Las leyes civiles no deben favorecer los egoísmos de los fuertes, sino proteger al débil garantizándole la necesaria defensa.

Del mismo modo, la eutanasia, legalizada ya en muchos países, está abriendo las puertas a posibilidades abominables. Bajo ninguna circunstancia los hombres pueden atribuirse el derecho de acelerar su propia muerte o la muerte del prójimo, al ser solamente Dios el dueño de nuestras vidas desde su comienzo hasta su final.

* * *

Sobre el actual problema ecológico, se llega a la conclusión de que el hombre ha estado explotando la naturaleza de un modo erróneo, tratando de conquistarla, en lugar de vivir en armonía con ella. Esta irrazonable conquista comienza ya a ser peligrosa para nuestra propia supervivencia; los actuales destrozos ecológicos son irreversibles y de no producirse cambios radicales, los efectos podrían ser catastróficos.

La progresiva desaparición de la vida vegetal y animal sobre la tierra, la polución atmosférica, los maremotos y terremotos, el imparable crecimiento de los agujeros de ozono, el calentamiento de la atmósfera, el efecto invernadero en las grandes ciudades, la erosión de los suelos, la deforestación de los bosques, las mareas negras, las aguas contaminadas y la lluvia ácida, son solamente algunas de las actuales amenazas que hacen peligrar el futuro de la humanidad.

El hombre está descomponiendo el equilibrio cósmico del planeta y los científicos del mundo entero se muestran alarmados por este motivo. Nuestra actual civilización, indiscriminada y masiva, es la que altera el medio ambiente, habiendo llegado a provocar los cambios climatológicos actuales que, hasta el momento presente, tan solo eran debidos a causas naturales.

El actual deterioro ambiental no es algo pasajero, sino un grave problema al que conviene enfrentarse porque cada día se agrava más. Varios Jefes de Gobiernos han mostrado su profunda preocupación por el progresivo recalentamiento de la atmósfera tratando de tomar las oportunas medidas a fin de combatirlo. Lamentablemente estas tardías medidas parecen ser insuficientes para evitar las devastadoras consecuencias del *"efecto invernadero"* de las grandes ciudades, producido por las emisiones de anhídrido carbónico acumulado en la atmósfera. Los gases contaminantes provenientes de la combustión de calefacciones, fábricas y automóviles, retienen el calor y son la principal causa de la elevación de la temperatura terrestre. La lluvia ácida que arrasa los bosques y la deforestación de las selvas tropicales, contribuyen, igualmente, al recalentamiento global; si el aumento de calor llega a adquirir el grado suficiente para fusionar los hielos polares, el nivel de los océanos se elevará ochenta metros, lo que supondría la desaparición, bajo el agua, de países enteros.

A pesar de la gravedad de todo lo expuesto, ninguno de estos atentados ecológicos, inducidos por el hombre, tiene peores consecuencias que el actual desgarramiento de la capa de ozono que circunda la Tierra. El ozono actúa en la atmósfera como un filtro que nos protege de las fuertes radiaciones de los rayos ultravioletas emitidos por el sol y su progresiva disminución supone una grave amenaza futura. La aparición de numerosos *"agujeros"* detectados en diversos lugares de la capa de ozono, puede hacer peligrar la existencia de vida sobre la Tierra; esta Tierra nuestra que corre el peligro de ser destruida por los propios avances tecnológicos de una ciencia mal encaminada.

* * *

Por primera vez en la historia de la humanidad, los hombres han creado unas armas nucleares capaces de destruir el Planeta en su totalidad. En una guerra nuclear no habrá límites ni fronteras. Cientos de millones de personas perecerán durante el conflicto y muchos millones más al acabar el holocausto.

Conscientes de este peligro, el ser humano comienza a buscar la paz; pero el problema de la paz en el mundo no se podrá llegar a solucionar, si antes no se ha solucionado el problema de la paz en el individuo. Nadie puede dar aquello que no tiene; por tanto, solamente cuando la paz se extienda sobre el corazón de los hombres, éstos podrán compartirla con toda la humanidad. El camino de la paz está dentro del alma y de aquí debe de brotar la solución. Pretender resolver este problema por otros medios sería tratarlo de modo superficial y no desde la raíz de su origen.

La paz no es compatible con las armas; el tomar las armas en nombre de la paz sólo puede conducirnos a nuestra propia destrucción. Las revoluciones sangrientas nada pueden resolver; la única revolución positiva es aquella que se inicia en el corazón de las personas. Si amásemos al prójimo como a nosotros mismos, lo que ocurre a uno afectaría a los demás y si se hiere a otro, el daño se lo hace uno a sí mismo.

* * *

La actual situación mundial hace pensar que nos encontramos ante una era crucial, ante *"el Final de los Tiempos"*, del que tanto hablan los Libros Sagrados; no obstante, es conveniente puntualizar que el Final de los Tiempos Bíblicos no debe de ser confundido con el **Final del Mundo**, por tratarse de dos hechos diferentes, distanciados entre sí por un extenso período de tiempo.

Al hablar del *"Fin de los Tiempos"*, se está haciendo una expresa referencia al final de nuestra actual civilización y al inicio de una nueva era, también ampliamente profetizada en las Escrituras. Es, en definitiva, el proceso de purificación que antecede a una etapa nueva, una trasformación profunda y radical de nuestra escala de valores, con el fin de construir un mundo mejor en el que los hombres vivan al unísono buscando un estado de perfección.

Las *"señales"* que nos ayudarán a comprender la llegada del Final de los Tiempos, han sido descritas en la Sagrada Escritura y clarificadas en los mensajes marianos. Es indudable que una significativa profecía bíblica, indicando el comienzo del Final de los Tiempos, ha sido ya ampliamente cumplida; el anunciado regreso a Jerusalén de los judíos dispersos, recuperando nuevamente su independencia y el territorio perdido. (Lucas, 21-24). La diáspora del pueblo judío, provocada por Nabucodonosor, rey de Babilonia, supuso el término del reino de Judá. Sin embargo, en nuestros días, los judíos ya han formado nación conquistando Jerusalén en 1967, y haciendo de esta ciudad la capital de su Estado, el 30 de julio de 1980. La tradición católica universal, transmitida por Orígenes, San Jerónimo, San Agustín, San Gregorio Magno y Santo Tomás de Aquino, confirma, igualmente, que los judíos se convertirán *"al final de los tiempos"*, cuando la reunión de todos los dispersos se haya verificado. *"En ese tiempo volverán los judíos a Israel"* (Ezequiel, 39).

* * *

Los *"tres días de tinieblas"* que oscurecerán el mundo es otro de los más importantes presagios sobre el *"Final de los Tiempos"* siendo mencionados en el Apocalipsis, último libro dogmático, escrito por el apóstol San Juan en la isla de Patmos, al igual que aluden a ellos numerosos místicos y videntes de todas las épocas, como San Juan Bosco, Santa Catalina de Siena, San Luis María Grignion de Montfort, y el padre Pío de Pietrelcina.

Otra señal contundente fue dada por San Mateo al decir: *"El Evangelio será predicado en el mundo entero. Entonces vendrá el fin"* (Mt. 24, 14). Juan XXIII rompió con la tradición de no salir del Vaticano; su sucesor Pablo VI continuó esta nueva actividad apostólica que ha culminado con Juan Pablo II, actual Vicario de Cristo, llegando hasta los confines más alejados de la Tierra para llevar la palabra de Dios. El Evangelio ha sido, efectivamente, predicado en el mundo entero.

Otra profecía sobre la llegada de los Últimos Tiempos, vaticinada por el dominico San Vicente Ferrer, nacido en Valencia, en 1350 y considerado como el predicador más importante de su época, no deja de ser curiosa: *"Pensad que tenéis encima el Final de los Tiempos cuando las mujeres no se distingan de los hombres. Advertid que en aquel tiempo las mujeres vestirán como los hombres y se portarán licenciosamente, según sus gustos. Del mismo modo, los hombres vestirán vilmente como las mujeres".*

Estas palabras de San Vicente Ferrer, pronunciadas en Barcelona en el año 1401, en su sermón *"Timete Deum"*, describen con precisión las costumbres de hoy.

Así mismo, el prodigio de la *"danza del sol"*, ocurrido por vez primera en Fátima el día 13 de octubre de 1917, tam-

El Vaticano durante el Pontificado de Juan XXIII.

Tumba de Juan XXIII, en el Vaticano, el Papa que "no quiso ser profeta de desgracias", dejándole la resolución a su sucesor.

bién advierte que ha llegado el momento en que se está cumpliendo la profecía de Lucas: *"Veréis muchas señales en el sol, en la luna y en las estrellas. Cuando estas cosas comiencen a suceder cobrad ánimo y alzad vuestras cabezas al Cielo porque se acerca vuestra liberación"* (Lucas, 5, 25-28). Estos fenómenos atmosféricos anunciados igualmente por otros Evangelistas y Profetas, tanto del Antiguo como en el Nuevo Testamento, (San Mateo, 24; San Marcos, 13; San Juan, 17; San Juan, 5-43; San Pablo a los Tesalonicenses, 2; San Pablo a Timoteo, 4; San Pedro, 2; San Judas; Apocalipsis, 11, 12, 13, 14, 17, 19 y 20) se han venido repitiendo en la mayoría de las Apariciones Marianas, y han sido contemplados por miles de testigos en el mundo entero que ofrecen una sorprendente concordancia en sus declaraciones. No debemos negar la trascendencia de estos prodigios por no poder entender las leyes de un mundo sobrenatural que desconocemos. Para Dios todo es posible y a nosotros sólo nos queda reconocer su grandeza.

* * *

Unos interesantes vaticinios relacionados con todos los Pontífices que ascendieron a la Silla de Pedro a partir de Celestino II, en 1143, son las conocidas *"Profecías de los Papas"* escritas en el siglo XII por el obispo irlandés San Malaquías.

Ordenado sacerdote a la edad de 28 años, San Malaquías entabló gran amistad con San Bernardo, el fundador de la abadía de Clairvaux, perteneciente a la orden del Císter, siendo dicha abadía el lugar donde escribió sus profecías y donde también falleció, el día de difuntos de 1148.

La lista de los Vicarios de Cristo elaborada por él contiene unos lemas o divisas por los que se puede identificar a cada uno de ellos; aquí sólo se hará referencia a los Pontífices más recientes, por ser los relacionados con el tema que nos ocupa.

Número 106: Divisa, *"Pastor Angélico"*. Pío XII (2-3-39 a 9-10-58).

Número 107: Divisa, *"Pastor et Nauta"*. Juan XXIII (29-10-58 a 3-6-63)

Número 108: Divisa, *"Flos Florum"*. Pablo VI (21-6-63 a 6-8-78).

Número 109: Divisa, *"De Medietate Lunae"*. Juan Pablo I (26-8-78 a 25-9-78)

Número 110: Divisa, *"De Labore Solis"*. Juan Pablo II (16-10-78...)

A partir de nuestro actual Pontífice sólo figuran dos divisas más, pertenecientes a los dos futuros Papas, que aún tendrán que llegar; el número 111, *"De Gloria Olivae"*, y el número 112, *"Petrus Romanus"*. En consecuencia, de acuerdo con estas profecías, solamente quedan dos Papas para gobernar el Vaticano, el segundo de los cuales llevará la divisa *"Petrus Romanus"*, y será el **último Papa** de la Iglesia Católica, con el nombre de Pedro II.

"El cual apacentará sus ovejas en medio de grandes tribulaciones, pasadas las cuales la ciudad de las siete colinas (Roma), *será destruida"*

* * *

Juan Pablo II, hizo llevar la imagen auténtica de la Virgen de Fátima, desde Portugal al Vaticano, formulando de nuevo la Consagración en la Plaza de San Pedro, el año 1984, Consagración que Lucía, previa consulta con la Virgen, consideró conforme.

El Señor, en el momento de morir, le encarga a su Madre nos proteja en todo momento, como hijos suyos.

La llegada del Anticristo *"al frente de un gobierno mundial, con una moneda única y una sola religión"*, es otro de los presagios más conocidos. La duración de este anunciado gobierno es de tres años y medio, al cabo de los cuales, Satanás será *"nuevamente arrojado a los Infiernos"*.

Otra inquietante profecía, llamada por su importancia *"el signo de los signos"* está relacionada con la *"abominación de la desolación, que se instalará en el lugar santo"*. Una vez que el vaticinio se haya cumplido, nada ni nadie podrá evitar que se precipite el fin, originado por *"la gran Tribulación"* o destrucción de la Tierra, por medio de un *"Diluvio de Fuego"*. Las interpretaciones más comunes de este *"Diluvio"* lo relacionan con una guerra mundial de proporciones apocalípticas o con el choque de nuestro Planeta contra un asteroide desconocido por los astrónomos actuales, aunque mencionado por San Juan en el libro del Apocalipsis. *"Entonces cayó del Cielo una estrella grande, ardiendo como una antorcha. Cayó sobre la tercera parte de los ríos y sobre los manantiales de las aguas. La estrella se llama Ajenjo"* (Apocalipsis, 7, 10-12).

Al llegar a este punto, Dios intervendrá de un modo directo, a fin de evitar el total exterminio de la humanidad. *"Si aquellos días no fueran abreviados, ningún ser humano podría sobrevivir"* (Marcos, 13, 24).

De todos estos futuros acontecimientos, advirtió el Hijo de Dios a sus apóstoles: *"Cuando veáis la* ***abominación de la desolación****, anunciada por el profeta Daniel, erigida en el lugar santo, los que estén en Judea, huyan a los montes (...) porque habrá entonces una* ***tribulación*** *cual no la hubo desde el principio del mundo ni volverá a haberla (...) inmediatamente después de la* ***tribulación*** *de aquellos días, el sol se oscurecerá, la luna no dará su resplandor, las estrellas caerán y las fuerzas del Cielo serán desencadenadas"* (San Mateo, 24, 15-30).

* * *

Todo lo anteriormente expuesto coincide, de un modo sobrecogedor, con el Tercer Secreto de Fátima, confiado por la Santísima Virgen a Lucía el 13 de octubre de 1917, con el propósito de que fuese hecho público en el año 1960. Aunque el Vaticano aún no haya revelado de modo oficial este documento, varios videntes actuales se han sentido en la obligación de darlo a conocer recientemente, debido a la crítica situación en que se encuentra el mundo.

El texto transmitido por ellos ha sido ya muy divulgado, a pesar de no estar todavía, reconocido como el auténtico, ni por la hermana Lucía, ni por el propio Vaticano. Dice así:

"No tengas temor, querida pequeña. Soy la Madre de Dios que te habla y te pide hacer público este mensaje para el mundo entero. Haciendo esto encontrarás grandes resistencias. Escúchame bien y pon atención a lo que te digo.

Los hombres deben corregirse, deben pedir perdón por los pecados cometidos. Tú me has pedido una señal para que todos acepten las palabras que Yo dirijo al género humano por mediación tuya. Acabáis de ver 'el prodigio del sol' y todos, creyentes, incrédulos, sabios, laicos, aldeanos y sacerdotes, lo habéis visto.

Proclama, pues, en Mi Nombre: Un gran castigo caerá sobre el género humano. No hoy, ni mañana, sino en la ***segunda mitad del siglo XX****. Lo di a conocer en La Salette a los pequeños Melania y Massimino. Hoy lo repito en tu presencia, porque la humanidad no ha cambiado como Dios esperaba y los hombres han sido sacrílegos. En ningún lugar del mundo hay orden; Satanás reina sobre los más altos puestos y decide la marcha de las cosas. Ha sabido introducirse hasta en la cumbre de la Iglesia y conseguirá seducir el espíritu de los grandes científicos para que creen armas destructoras con las que sea posible destruir gran parte de la humanidad en* ***pocos minutos****.*

Someterá a los estados más poderosos y los incitará a fabricar enormes cantidades de armas. Si los que conducen el mundo no se oponen a esto, Dios castigará a los hombres con mayor dureza y severidad que en el momento del Diluvio. Llegará el Tiempo de los Tiempos y el Fin de los Fines, si la humanidad no se convierte. Los grandes y pode-

rosos perecerán junto a los pequeños y a los débiles. También vendrán para la Iglesia el tiempo de las más duras pruebas. Cardenales se opondrán a Cardenales y los Obispos contra los Obispos. Satanás caminará por el medio de sus filas y en Roma habrá cambios. Lo que está podrido caerá y lo que caiga ya no se levantará más. La Iglesia estará ofuscada y el mundo entero trastornado por el terror.

Tiempo llegará en que no se esperará a Aquel, que sin embargo vendrá.

Una gran guerra se desencadenará en la segunda mitad del siglo XX. Fuego y humo caerán del Cielo; las aguas de los océanos se volverán vapor y la espuma se elevará revolviendo y hundiendo todo. Millones y millones de hombres perecerán de hora en hora, y aquellos que queden con vida envidiarán a los muertos. Habrá tribulación por todas partes; angustia, miseria y ruina en todos los países. Mi tiempo se acerca cada vez más y el abismo se hace cada vez más profundo.

Los buenos perecerán junto a los malvados, los grandes con los humildes, los príncipes de la Iglesia junto a sus fieles y los gobernantes del mundo entero junto a su pueblo. Habrá muertos por todas partes a causa del extravío de los hombres insensatos lacayos de Satanás, que entonces y sólo entonces, reinará sin oposición sobre la tierra.

Por último, cuando aquellos que sobrevivan estén aún en vida, proclamarán nuevamente a Dios y a su gloria. Hago un llamamiento a todos los discípulos de mi Hijo; el Tiempo de los Tiempos, se acerca y el Fin de los Fines, ya está a las puertas.

Nada ocurrirá si la humanidad se convierte, pero ¡ay, si esta conversión no se produce y todo queda como hasta ahora!

Ve, hija mía, proclama todo esto. Yo, a tal fin, permaneceré siempre a tu lado para ayudarte".

* * *

"Antes de la **Segunda Venida de Cristo,** *el mundo se convertirá".*

Esta interpretación de las Sagradas Escrituras queda exhaustivamente demostrada en los mensajes marianos, resumidos en el dado por la Virgen en Fátima al afirmar: *"Al final, mi Corazón Inmaculado triunfará".*

La Virgen María es la Precursora de su Hijo en esta Segunda Venida, del mismo modo que fue Ella quien lo trajo al mundo por primera vez. Que el Señor vendrá precedido por su Madre, lo afirman numerosos teólogos y santos, entre ellos el padre Igartua, en sus dos tomos de la BAC, **"La esperanza ecuménica de la Iglesia" y "El mundo será de Cristo"**, así como San Luis María Grignion de Montfort que desarrolló este tema en muchas de sus obras literarias.

Dando cumplimiento a la frase bíblica *"Dios revela a los sencillos lo que esconde a los sabios"* (Mateo, 11, 25), la Virgen María, por medio de humildes videntes, está llamando a los pecadores a la *"renovación final",* que ya fue anunciada por el profeta Amós ocho siglos antes del Nacimiento de Cristo. Desde *"antes de todos los Tiempos"* todo se desarrolla según un determinado plan de salvación.

* * *

Al igual que gran parte de las profecías del Antiguo Testamento giraron alrededor de la figura de un futuro

Mesías, cuya llegada era esperada por todos, una Segunda Venida, de este mismo Mesías, fue otro punto culminante de la Biblia.

No existe otra profecía en los Libros Sagrados que haya estado tan explícitamente anunciada como lo ha sido ésta. Fue proclamada por los ángeles el día de la Ascensión del Señor a los Cielos. Anunciada por el propio Jesús y por todos sus discípulos; San Pablo habla de ella en sus dos cartas a los Tesalonicenses y el profeta Daniel también lo menciona: *"Y he aquí que en las nubes del Cielo veréis venir al Hijo de Dios, a quien se dio imperio, poder y reino"* (Da. 7).

Por un pronto retorno del Señor piden los sacerdotes en la Misa: *"Líbranos de toda perturbación mientras esperamos la gloriosa Venida de Nuestro Señor Jesucristo"*.

En el Credo: *"Vendrá con Gloria a juzgar a los vivos y a los muertos"*.

Y en tantas otras plegarias compartidas por todos.

Los escrituristas protestantes, que sólo admiten la Biblia y no las revelaciones privadas, han estudiado ampliamente el tema de la Segunda Venida de Cristo -también conocida como la Parusía- coincidiendo en afirmar que ya se dan en el mundo la señales bíblicas de su proximidad.

Las significativas palabras pronunciadas por S.S. Pío XII, en su mensaje pascual de 1957, confirman todo lo dicho: *"Hay muchos indicios de que la Vuelta de Jesús no está lejana"*.

Sin embargo, aunque en teoría sean muchos los cristianos que no dudan de esta próxima venida, en la práctica, el trascendental Dogma ha quedado desvirtuado, como si jamás tuviera que suceder, a pesar de la insistencia con que se nos habla de él.

Si las circunstancias previstas para el Nacimiento del Hijo de Dios se cumplieron fielmente y en su momento oportuno, no existe ninguna razón para que, del mismo modo, su Triunfal Regreso, no vaya a cumplirse ahora.

En su discurso más trascendente, pronunciado pocas horas antes de ser crucificado, Jesucristo anunció a sus discípulos su vuelta a la tierra y los acontecimientos que le precederían:

"Cuando oigáis hablar de guerras y revoluciones no os aterréis, porque es necesario que sucedan primero estas cosas, pero el fin no es inmediato.

Se levantará nación contra nación y reino contra reino. Habrá grandes terremotos, peste y hambre en diversos lugares; habrá cosas espantosas y señales del Cielo.

Pero antes de todo esto os echarán mano y os perseguirán entregándoos a las cárceles y llevándoos ante reyes y gobernadores en mi nombre. Esto sucederá para que deis testimonio.

Proponed, pues, en vuestro corazón, no preparar la defensa, porque Yo os daré una elocuencia y una sabiduría a la que no podrán resistir ni contradecir todos vuestros adversarios. Habrá señales en el sol, la luna y las estrellas y en la tierra angustia de las gentes, perplejas por el estruendo del mar y de las olas, muriéndose los hombres de terror y de ansiedad por las cosas que vendrán sobre el mundo. Las fuerzas del Cielo serán sacudidas.

Entonces veréis venir al Hijo del Hombre en una nube, con gran poder y gloria.

Cuando empiecen a suceder estas cosas, cobrad ánimo y levantad la cabeza porque se acerca vuestra liberación.

Mirad la higuera y todos los árboles. Cuando ya echan brotes sabéis que el verano está cerca. Así también, cuando veáis que esto que os digo sucede, sabed que el Reino de Dios está cerca. El Cielo y la Tierra pasarán, pero mis palabras no pasarán" (Lucas, 21; 9-33).

Jesús del gran poder sufre para salvar a la humanidad su dolorosa pasión redentora.

Que El Padre Eterno, a través de su Hijo y por mediación de María, bendiga a toda la humanidad, y nos conceda el perdón y la paz.

ÍNDICE